누구도 흔들 수 없는 하나님의 구원

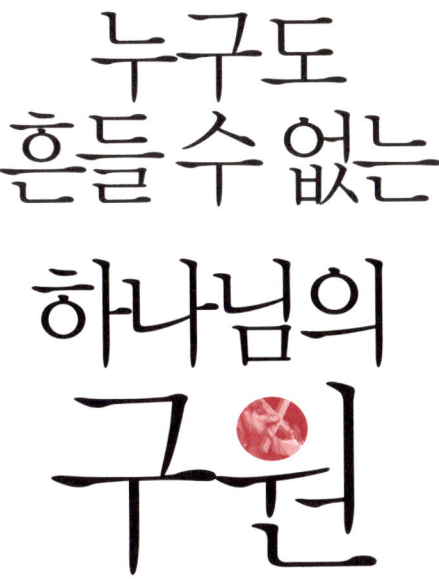

박순용 지음

성경이 이야기하는 참된 구원은 무엇인가?
창세전부터 성부, 성자, 성령에 의해 계획된
위대한 구원 역사의 풍성한 의미를 제대로 알고 누려라!

누구도 흔들 수 없는
하나님의 구원

ⓒ 생명의말씀사 2017

2017년 10월 27일 1판 1쇄 발행

펴낸이 | 김재권
펴낸곳 | 생명의말씀사

등록 | 1962. 1. 10. No.300-1962-1
주소 | 서울시 종로구 경희궁1길 5-9(03176)
전화 | 02)738-6555(본사) · 02)3159-7979(영업)
팩스 | 02)739-3824(본사) · 080-022-8585(영업)

지은이 | 박순용

기획편집 | 서정희, 장주연
디자인 | 박소정, 조현진
인쇄 | 영진문원
제본 | 정문바인텍

ISBN 978-89-04-16606-0 (03230)

저작권자의 허락없이 이 책의 일부 또는 전체를
무단 복제, 전재, 발췌하면 저작권법에 의해 처벌을 받습니다.

누구도
흔들 수 없는
하나님의
구원

추천사

포스트모던 시대를 살고 있는 그리스도인들에게 나침반과 같이 중요한 책

박순용 목사님의 『누구도 흔들 수 없는 하나님의 구원』을 읽고 네덜란드 제2종교개혁의 대표 신학자 중 한 사람인 빌헬무스 아 브라켈(Wilhelmus À Brakel, 1635–1711)의 주저인 『그리스도인의 합당한 예배』(Christian's Reasonable Service)가 생각났다. 아 브라켈은 종교개혁 이후 정통주의가 신학 담론을 지배하고 있을 당시 신학 속에 개인의 살아 있는 신앙과 경건을 녹여 내렸던 신학자로 후대에 기억되고 있는 인물이다. 구속사의 객관적 차원과 구원의 주관적 차원의 이상적 어우러짐이 아 브라켈의 신학을 특징짓는다고 평가할 수 있다.

이 책은 포스트모던 시대를 살고 있는 그리스도인들에게 나침반과 같이 중요한 책이라고 평가하고 싶다. 포스트모던 주의에 함몰되어 있는 사람이든, 아니면 신경질적으로 배격하는 사람이든 피해자이긴 마찬가지다. 신학과 경건 중 어느 것도 잃지 않으면서 과연 칠흑 같은 포스트모던의 밤바다를 잘 헤쳐 나갈지가 우리 모두가 감당해야 할 도전이며, 과연 그들을 어떻게 도울 것인가가 말씀 사역의 소명을 받은 이들의 존재 이유일 것이다.

저자는 그런 면에서 개혁주의 목회자(Reformed Pastor)로서의 책임을 꼼꼼하면서도 친절하게 실천에 옮기고 있다고 칭찬하고 싶다. 아직 멀게만 느껴지는 신학을 교인들을 위해 친절하면서도 정확하게 풀어 주는 목회자의 따듯한 열정이 느껴진다.

이 책은 우리에게 매우 중요한 신학적 관점들을 제시한다. 하나님 중심적, 삼위일체 중심적, 그리스도 중심적, 구속사 중심적, 언약신학적 등이다. 그러나 이 모든 것은 이 책에서 결국 하나의 관점을 통해 통합된다. 바로 그리스도와의 연합이다. 하나님이 이루신 구원(객관)을 우리가 그리스도 안에서 누린다(주관)는 복음의 비밀과 환희는 우리로 포스트모던의 밤바다를 넉넉히 이겨 나가게 할 것이다.

– 강웅산(총신대학교 신학과 교수)

성경적 구원의 풍성함을 바르게 알려 줄 뿐 아니라
그 은혜를 제대로 누리도록 도와주는 최고의 길잡이

『누구도 흔들 수 없는 하나님의 구원』은 구원에 대한 성경 교리를 정리한 내용을 담고 있지만, 근본적으로 교회의 성도들을 위해 집필된 책이다. 담임목사로서 성도들을 말씀으로 먹이는 일로 섬기는 가운데 그들에게 좀 더 필요한 구원에 관한 성경 교리의 내용들을 전하기 위해 마련했던 강론들을 정리한 것이기 때문이다. 그럼에도 불구하고 이 책은 단순히 감동적인 설교집에 머물지 않는다. 여러 개혁신학자들의 저술들을 참고하면서 집필한 것으로, 구원에 관한 개혁신학적 관점들을 잘 제시해 준다.

R. C. 스프로울(R. C. Sproul)이 지적했듯이, 개혁신학의 핵심 원리들 중 하

나는 신본주의이며 하나님의 주권적 구원의 이해다. 이 책은 구원이 하나님의 주권적 은혜 안에 주어진 것임을 드러내며, 따라서 구약 성도들도 은혜언약 안에서 구원을 누리게 됨을 잘 지적해 준다. 또한 일찍이 종교개혁자 존 칼빈(John Calvin)이 제시했던 '그리스도 안에 있는 구원'에 대한 가르침을 따라 그리스도 중심적 구원을 강조하는데 이는 매우 중요한 지적으로, 직선적 구조의 구원 서정의 문제점도 그리스도와의 연합 속에서 극복되기 때문이다.

전체적으로 이 책은 성부 하나님과 성자 예수님이 베푸신 구원에 대한 설명들에 집중하면서도, 제3부에서 그 구원이 신자의 삶 속에서 어떻게 실천적으로 적용되고 누리게 되는가에 대한 의미 있는 설명도 놓치지 않았다. 성경적 구원의 풍성함을 바르게 알고 싶은 신자들, 또한 그것을 누리기 원하는 이들에게 유익한 내용이 될 것이다.

– 김광열(총신대학교 신학과 교수)

**이 책은 오늘날 조국 교회의 교리적 혼란에
좋은 해독제가 되리라 믿어 의심치 않는다**

혼란은 구원의 교리에 대한 오해와 무지에서 비롯된다. 벤저민 워필드(Benjamin Warfield)의 표현을 빌리자면, 구원론은 모든 기독교 신앙의 "돌쩌귀"(hinge)다. 이것을 중심으로 모든 교리가 해석되기 때문이다. 오늘날은 모호하거나 오류에 빠진 구원 개념 때문에 교회가 혼란스럽고 개인 경건의 삶도 위협받고 있는 시대다. 이단들의 창궐함이 정통 교회 교인들의 구원론에 대한 공격과 미혹으로부터 시작되었고, 종교개혁자들의 성경적 구원 개념이 공격을 받고 있다. 그런데도 교회는 구원의 교리를 가르치는 일에 게으르거나 부주의하다. 이러한 상황은 그리스도인들로 하여금 자기 정체성을 불분명하게 한다.

이 책은 성경적 구원론을 개혁신학의 입장에서 분명하게 제시해 주고 있어서 오늘날 조국 교회의 교리적 혼란에 좋은 해독제가 될 것이다. 무엇보다도 구원이 하나님의 은혜로써 그리스도 안에서, 그분을 통해 우리에게 주어지는 것이기에 더욱 완전하고 안전하다는 사실을 강조한다. 특히 구원에 대한 지난 세기의 성경 신학의 연구 결과에 대한 저자의 이해는 개혁신학의 구원론을 더욱 풍성하게 한다.

독자들이 개인적으로 독서할 뿐 아니라 교회나 직장에서 이 책을 함께 공부한다면 더욱 풍성한 은혜를 받게 될 것이기에 적극 추천하는 바다.

— 김남준(열린교회 담임목사)

하나님, 자기 자신, 교회, 그리고 하나님의 구원 역사에 대해서 한 단계 높은 차원의 이해를 소유하게 될 것이다

아우구스티누스(Augustinus)는 목회자야말로 성경을 가장 잘 해석할 수 있다고 말한 적이 있다. 이 책을 읽으면 과연 그 말이 사실임을 깨닫게 된다.

"구원"이란 주제는 모든 그리스도인이 관심을 가져야 할 주제인데, 정작 "구원이란 무엇인가?"라는 질문에 대해 답을 잘 찾지 못하는 그리스도인들이 많다. 성경의 가르침을 체계적으로 배우지 못했기 때문이다. 게다가 오늘날 한국 교회에는 구원에 대한 온갖 이설과 이단의 주장이 난무하고 있다. 이러한 때 "구원"이라는 주제에 대해 아주 성경적이면서도 실제적이고, 동시에 목회적으로 잘 설명해 주는 책이 나와서 얼마나 반가운지 모른다.

이 책의 특징은 구원을 삼위일체적으로 매우 풍성하게 설명한다는 것, 언약론의 관점에서 구원에 대해 균형 있게 이해하도록 도와준다는 것, 그리스도와의 연합이 가진 중요성과 그 의미를 다각도로 설명한다는 점이다. 이 책을 읽는 독자는 하나님, 자기 자신, 교회, 그리고 하나님의 구원 역사에 대해서 한 단계 높은 차원의 이해를 소유하게 될 것이다.

— 우병훈(고신대학교 신학과 교수)

세상의 왜곡된 사상들과 맨살을 부딪히며 살아가는 성도들에게 진정한 구원의 의미를 알려 주는 책

『누구도 흔들 수 없는 하나님의 구원』은 하나님의 구원에 대한 성경의 가르침을 기독교의 교리적 체계를 따라 담아내되 "하나님의 구원"과 "그리스도의 구원"과 "우리의 구원"으로 구성한, 목회적인 구원론의 탁월한 교본이다. 교리의 인간화에 지치고 일그러진 구원론의 신학적 주름을 펴려는 목적도 있지만, 보다 실질적인 목적은 세상의 왜곡된 사상들과 맨살을 부딪히며 살아가는 성도들을 도와주되 구원의 불변적인 확고함과 구원의 풍성한 누림에 이르도록 친절하게 안내하기 위함이다.

구원은 삼위일체 하나님의 사역이며, 위격적 대표성 차원에서 보면 하나님의 성부적 계획과 성자적 성취와 성령적 적용으로 구성되어 있다. 이러한 구원의 객관적 진리를 담은 이 책을 읽으면 구원의 고대성에 있어서는 영원까지 소급되고, 구원의 범위에 있어서는 온 우주까지 넓어지고, 구원의 내용에 있어서는 보이지 않는 천국과 지옥의 차원까지 깊어지며, 구원의 목적에 있어서는 삼위일체 하나님의 영광까지 높아짐을 경험하기 때문에 구원에 대한 인식의 시야가 현저히 확장된다.

서사는 탁월한 목회자요, 설교자요, 신학자다. 그래서 언어와 어법에 따뜻함과 가독성과 학문성이 골고루 버무려져 있다. 구원에 있어서 하나님의 주권적인 은혜와 인간의 순종적인 책임 사이의 조화로운 설명, 구원에 대한 성경적인 설명과 교리적인 설명의 병행을 시도한 접근법, 구약의 성도들과 신약의 성도들이 동일하신 그리스도 안에서 동일한 구원을 받는다는 구원론의 성경적 통일성 고수도 이 책의 향기로운 장점이다. 놀라운 구원의 풍성한 누림이 구원의 주체이신 삼위일체 하나님 자신에게 있다는 일침도 빠뜨릴 수 없는 장점이다.

— 한병수(전주대학교 교수, 교목)

목차

추천사 • 4
들어가며 성경이 계시하는 하나님의 구원 이야기, 그리고 우리 • 16

제1부 하나님의 구원

1장 우리가 얻은 구원 • 26
_ 중대한 만큼 혼란스러운 문제

소홀하고 무지한, 그러나 사활이 걸린 구원 문제 / '나'의 구원과 회심에만 사로잡힌 현대 그리스도인들 / 구원에 대한 성경의 가르침을 주목하는 3가지 목적 / 구원의 진리를 살필 때 유의할 점 / 모든 부류의 사람들을 위한 진리 / 구원의 모든 역사는 하나님에 의한 역사다

2장 우리가 얻은 구원의 주체 • 44
_ 성부, 성자, 성령 삼위 하나님

성경은 구원을 이렇게 가르친다 / 구원의 일을 행하신 하나님께 시선 집중 / 삼위 하나님이 합력해 이루신 우리의 구원 / 성부: 하나님의 구원 계획 / 성자: 하나님의 구원 계획 성취 / 성령: 하나님의 구원 계획 적용 / 삼위 하나님의 큰 구원을 바라보라

3장 우리가 얻은 구원의 근원 • 58
_ 성부 하나님의 창세전 계획

창세전부터 시작된 신비로운 구원 / 구원의 대상자의 입장에서 신비를 대할 때 / 성경의 역설적인 진리는 결코 모순이 아니다 / 성경의 신비, 인격적으로 수용 가능한 사실 / 창세전 택하심으로 우리 구원이 시작되었다 / 하나님은 무한한 기쁨으로 우리를 구원하셨다 / 거저 주신 구원의 은혜의 영광을 찬양하라

4장 우리가 얻은 구원의 시작 • 72
_ 성 삼위 하나님의 언약

하나님은 창세전 구원 계획을 어떻게 이루어 가시는가? / 성경은 구원을 언약의 차원에서 증거한다 / 성부와 성자 사이에 맺어진 구속 언약에 따라 성취된 구원 / 구원은 전적으로 하나님에게서 온 것이다 / 구속 언약은 은혜 언약으로 나타나고 성취된다 / 우리가 얻은 구원의 근거-그리스도 안에서 / 하나님은 은혜 언약을 따라 우리를 끝까지 사랑하신다 / 우리 구원의 견고한 기초를 바라보라

제2부 그리스도의 구원

5장 그리스도 안에서의 성취 • 96
_ 누구도 흔들 수 없는 확실한 구원

큰 구원 역사 안에 있는 우리의 구원과 그 성취 / 그리스도께서 성취하신 3가지 구속의 사역 / 구원은 '나' 밖으로부터의 구속 사건에 기초한다 / '그리스도 안에서', 매우 복되고 영광스러운 진리 / 객관적인 구원의 기초 위에서 우리의 구원을 생각하라 / 자신의 무엇이 아니라 하나님의 은혜의 영광을 찬양하라

6장 그리스도 안에서의 의미 • 110
_ 그리스도는 구원의 모든 것이다

'그리스도 안에서'의 3가지 구체적인 의미 / 구원은 '그리스도 안에서' 계시되고, 진행되고, 성취되고, 적용된다 / '그리스도 안에서' 있을 두 가지 역사, 구원의 성취와 적용 / 오순절 성령 강림, 구원 적용의 시작을 드러낸 사건 / '그리스도 안에' 있는 구원의 확고함과 견고함을 붙들라

7장 그리스도 안에서의 성령 • 124
_ 그리스도 안에서 그리스도를 위해 일하신다

성령의 모든 사역은 '그리스도 안에' 있는 일들이다 / 성령은 성부와 성자로부터 보내심을 받아서 일하시는 분이다 / 성령의 사역의 궁극적인 목적은 오직 그리스도의 영광을 위해 / 성령은 철저하게 그리스도께 스스로를 종속시켜 일하신다 / 그리스도와 성령께서 하나로 묶여 우리의 구원을 이루신다

8장 그리스도 안에서의 연합 • 138
_ 그리스도 중심적인 구원

그리스도와 연합으로 있게 된 우리의 구원 / 직선 구조의 구원 서정과 그 문제점은 무엇인가? / '이미'와 '아직 아니'의 종말론적 긴장 구조를 알아야 한다 / 모든 구원 과정의 기초이자 틀은 '그리스도 안에서' 연합이다 / 그리스도와의 연합의 5가지 특징 / 그리스도 중심적인 구원을 누리자

9장 그리스도 안에서의 혜택 • 160
_ 그리스도의 것이 우리의 것

성경은 그리스도 중심성을 분명히 가르친다 / 그리스도와의 연합은 구원의 흔들리지 않는 기초와 근거가 된다 / 신자는 그리스도와의 연합을 통해 구원을 체험적으로 소유한다 / 그리스도를 믿어 세례 받을 때 그리스도와 실존적 연합이 이루어진다 / 우리는 그리스도와의 연합 안에서 주님의 것을 얻는다 / 그리스도 안에서 얻는 구원의 실체들 / 신자의 구원은 그가 의지하는 그리스도만큼 확실하고 견고하다

제3부 우리의 구원

10장 우리가 누리는 구원의 삶 • 180
_ 그리스도와의 연합에서 누리는 승리

그리스도를 믿음으로 구원이 실제적으로 우리의 소유가 된다 / 그리스도와 연합한 신자의 실천적 삶의 기준은 무엇인가? / 그리스도와의 연합으로 하나 되는 교회 / 내가 그리스도 안에, 그리스도께서 내 안에 거하시는 삶 / 신자 안에 계신 예수 그리스도를 믿는 믿음 안에 사는 삶 / 그리스도와 연합한 자로서 주의 계명을 청종하라

11장 우리가 누리는 구원의 효력 • 198
_ 그리스도와의 연합에서 주어진 복

그리스도와 연합한 자의 복되고 영광스러운 승리 / 그리스도와 연합해 그분의 것으로 덧입은 신자의 정체성 / 그리스도와 연합한 자는 확신 있는 기도 생활을 한다 / 죄의 유혹에 대항하는 강력한 무기가 된다 / 그리스도를 더욱 닮아 가고자 하는 열망을 품는다 / 그리스도와 같이 이기는 자로서 그분의 영광에 동참한다 / 하늘에 속한 신령한 복을 받아 누린다 / 구원의 복을 풍성히 알고 누리는 길로 나아가라

나가며 조국 교회에 구원의 은혜를 비추는 한 줄기 빛이 되기를 • 216
주 • 224

들어가며

성경이 계시하는 하나님의 구원 이야기, 그리고 우리

성경은 하나님이 자신을 알도록 특별하게 계시하신 책입니다. 특히 성경은 하나님을 우리를 구원하시는 분으로 계시하는 구원 계시입니다. 우리는 성경에서 하나님이 말씀으로 만물을 창조하시고, 다스리시며, 주관하신다는 사실과 함께 타락한 인간과 세상을 위해 행하시는 구원의 역사를 봅니다.

신자는 예수 그리스도를 믿는 믿음 안에서 성경이 계시하는 구원의 하나님과 그분이 행하신 구원의 역사(His+Story), 창세전까지 거슬러 올라가는 광대한 구원(엡 1:3-5)을 알게 됩니다. 즉 신자는 성경에서 하나님 아버지께서 창세전에 구원을 계획하시고, 성자 하나님이 친히 이 땅에 육신을 입고 오셔서 계획된 구원을 성취하시고, 성령 하나님이 구원할 대상들에게 그 성취된 바를 적용해 소유하게 하시는, 매우 크고 형용할 수 없어 우리의 지성으로는 다 수용이 불가능한 광대한 진리를 알게 되는 것입니다.

이렇게 광대한 구원과 은혜를 베푸신 하나님을 발견하고 안다는 것은 유한한 인간 존재에 어떤 것과도 비교할 수 없는 인생 최대의 사건이자 최고의 복, 아니 영원한 복입니다. 존 칼빈과 존 뉴턴(John Newton)이 자신을 '나 같은 죄인'이라고 고백한 것은(새찬송가 305장 참조) 바로 자신이 삼위 하나님에 의한 구원, 영원부터 영원까지 이어지는 놀라운 구원의 대상이 되었기 때문입니다. 한 인간 존재에 있어서 그보다 큰 일이 있을까요?

　바울은 무엇과도 비교 불가능한 구원의 중심에 계신 예수 그리스도와 관련해 다음과 같이 말했습니다.

"무엇이든지 내게 유익하던 것을 내가 그리스도를 위하여 다 해로 여길 뿐더러 또한 모든 것을 해로 여김은 내 주 그리스도 예수를 아는 지식이 가장 고상하기 때문이라 내가 그를 위하여 모든 것을 잃어버리고 배설

물로 여김은 그리스도를 얻고 그 안에서 발견되려 함이니"(빌 3:7-9상).

이것이 '나 같은 죄인'을 구원하신 하나님을 알게 될 때 이르는 결론이요, 반응입니다. 그래서 바울은 다른 곳에서도 하나님이 창세전에 그리스도 안에서 우리를 택하사 자기의 아들들이 되게 하셨다는 사실을 밝히며 "그의 은혜의 영광을 찬송하게 하려는 것이라"라고 말했습니다(엡 1:3-6). 바울처럼 구원의 은혜 안에서 하나님을 알게 된 자들은 삼위 하나님의 은혜의 영광을 찬송하고, 감사하며, 그것을 최고로 여깁니다.

구원은 하나님으로부터 시작해 하나님의 은혜 안에서 그분께 영광을 돌리며 하나님을 영원히 즐거워하는 해피엔딩으로 나아가는 강력하고 놀라운 사랑의 이야기입니다. 죄인을 향한 사랑으로 가득한 하나님의 열심을 보여 주는 '하나님의 이야기'(His story)입니다.

하나님의 이야기는 소망 없던 죄인들인 우리에게 최고의 소식이 아닐 수 없습니다. 죄 중에 잉태되어 나면서부터 죄를 지으며 죄인들 틈에서 경쟁하며 그 가운데서 자기를 지키려고 몸부림치는 인간, 눈에 보이는 것에 쉽게 좌우되고, 성장 과정에서 보고 듣는 가운데 갖게 된 지식의 시작과 끝을 알지 못한 채 파편적인 지식에 따라 모든 것을 판단하며 심지어 하나님까지 무시하는 인간, 결국 어떤 식으로든 죽음 앞에 설 때 아무 소망 없이 떠나야 하는 인간에게 가장 크고 놀라운 기쁨을 가져다주는 소식입니다.

하나님의 구원 역사 전반에 관한 체계적 강론

목회자로서 맡겨진 영혼들을 말씀으로 섬기는 유한한 인생 중에 가장 행복한 시간은 역시 하나님의 구원을 계시한 성경의 진리를 통해 영혼을 구원하시는 하나님의 은혜로운 역사를 경험할 때입니다. 성경의 어떤 부분을 펴든 그곳에는 우리를 구원하시는 하나님의 은혜로운 이야기가 담겨 있어서 그 말씀을 전할 때마다 기쁨을 맛보았습니다.

하지만 한편으로는 마음 한 구석에 하나의 아쉬움이 남았는데, 언젠가 하나님의 구원 역사 전반을 체계적으로 살펴 전하고 싶다는 간절한 소원 때문이었습니다. 그래서 틈틈이 구원에 대한 말씀을 묵상하며 따로 정리해 놓고, 관련된 책들을 모으며 읽어 왔습니다.

그러던 중 몇 년 전 안식월 기간에 '성경과 하나님의 구원'에 대한 복음의 선배들의 연구 결과들을 본격적으로 살피며 정리하게 되었습니다. 그러면서 성경과 그것을 연구한 교회 역사의 선배들의 도움을 받아 성도들에게 전할 '하나님의 구원의 풍성함'에 대한 체계를 세우고, 이를 기초로 약 2-3년에 걸쳐 그 내용을 강론했습니다. 학문적인 목적보다는 구원과 관련해 성도 개개인이 꼭 알아야 할 내용들을 목양적인 차원에서 연구, 체계화해 전했습니다. 이번에 출간하게 된 『누구도 흔들 수 없는 하나님의 구원』은 필자의 그러한 목회적 수고의 산물입니다.

설교자는 하나님의 말씀에 목말라하는 성도들을 말씀으로 목양함에 있어서, 과거 청교도들이 그러했듯이 성경을 권별로 강해할 뿐만 아니라 성경 전체에 흐르는 진리를 논리적인 방식으로 조직화한 교리 체계를 전할 필요 역시 있습니다. 나아가 바울이 여러 편지들을 통해 각 교회가 당면한 상황과 문제에 필요한 진리를 구약과 예수님의 말씀에 기초해 제시해 주었듯이, 오늘날의 영적 현실과 성도들이 삶에서 부딪히는 문제들과 관련해 하나님의 말씀을 전하는 것 또한 설교자가 늘 힘써야 하는 부분입니다.

이 책의 내용을 포함하고 있는 '구원에 대한 설교 시리즈'는 그중에서 성경 전체에 나타난 하나님의 구원에 대한 진리를 교리적인 체계를 따라 살핌으로써 성도들로 하여금 부요한 말씀 안에서 견고히 서게 하기 위해 전한 것이었습니다. 또한 오늘날과 같이 구원에 대한 각종 이단 사상과 잘못된 가르침이 난무하는 현실에서 성경이 가르치는 바를 바르게 알고 분별하게 하기 위한 목적도 있었습니다.

이 책은 '구원에 대한 설교 시리즈' 중 일부로서, 설교 시리즈에서 별도로 다루었던 하나님의 구원을 왜곡해서 이해해 온 지난 교회 역사와 현대 교회의 구체적인 사례들은 담고 있지 않습니다. 다만 이 책은 우리가 얻은 구원이 성부, 성자, 성령 삼위 하나님에 의한 것이라는, 구원에 대한 우리의 믿음에서 가장 중요하며 기초가 되는 내용을 다루고 있습니다.[1] 하지만 이 책에서 다루는 하나님의 구원에 대한 성경의 진리를 분명하게 이해하는 것만으로도 극단적이고 터무니없는 구원론의 오류들에 대해 어느 정도 분별력을 갖게 되고, 그것들로부터 신앙을 지켜 나가는 데 적지 않은 유익을 얻을 수 있을 것입니다.

'구원에 대한 설교 시리즈'의 전반적인 체계와 전개 방식은 기존의 조직신학 서적들과 개혁주의 신앙고백서, 요리문답 등에 이미 반영되어 있는 교리의 체계를 따랐고, 그것이 이 책에도 일정 부분 반영되었습니다. 그러나 특히 이 책의 구체적인 내용과 구성은 구원에 대해 성경신학적으로 다룬 게할더스 보스(Geerhardus Johannes Vos), 존 머레이(John Murray), 리처드 개핀(Richard B. Gaffin Jr.), 헤르만 리델보스(Herman N. Ridderbos), 강웅산 교수 등의 저서들의 도움을 입어 주로 전개했습니다. 그중에서도 한 전도사님이 전해 준 강웅산 교수의 구원에 대한 강의안에 큰 도움을 얻었습니다.

혼란스러운 시대에 믿음을 지키고 구원의 복을 풍성히 누리게 되기를

하나님의 구원은 분명 복되고 모두가 기뻐할 내용이지만, 가슴 아프게도 지난 교회 역사 속에는 구원 진리와 관련된 왜곡과 치우침, 분열과 정죄가 많이 있었습니다. 그리고 오늘날까지도 각종 이단들이 구원 문제를 가지고 사람들을 미혹하고 있습니다. 이단들에 의해 성경과는 다른 구원 교리가 유포되고 있을 뿐만 아니라 복음주의 교회들에서도 성경이 말하는 구원을 제대로 알지 못하고 이리저리 방황하며 기형적인 신앙생활을 하는 신자들이 많이 생겨나고 있습니다.

이런 현실 속에서 신자의 길을 가야 하는 우리에게는 하나님의 구원에 대한 성경의 진리를 바르게 이해하고 깊이 묵상하기 위한 수고가 필요합니다. 성경에 계시된 부요한 구원의 실체와, 무엇보다 구원을 베푸신 우리 하나님의 어떠하심을 자신의 삶 속에서 생생하게 알고 누리기 위한 씨름이 있어야 합니다. 성도들의 그러한 믿음의 분투를 돕는 것은 이 책이 집필된 중요한 목적 중 하나입니다.

하지만 성도들의 필요를 돕기 위해 앞서 말씀을 연구하며 고민하는 가운데 많은 부족과 한계를 절감했던 것 또한 사실입니다. 많은 수고를 기울이기는 했지만 여전히 성경의 진리에 대한 지식이 일천하고, 구원의 실체를 삶에서 생생하고 풍성하게 누리는 데 있어서도 많이 부족하다는 점을 갈수록 깊이 느꼈습니다. 이 책은 아마도 그런 부족과 결핍의 산물에 지나지 않을 것입니다.

그럼에도 불구하고 여전히 마음에 지워지지 않는 소원은 뭇 하나님의 자녀들이 성경이 말하는 구원, 하나님이 계시하신 우리를 위한 놀라운 구원이 어떠한 것인가를 바르고 풍성하게 알며, 이 혼란스러운 시대 가운데 믿음을 지키고, 구원의 복을 풍성히 누리게 되는 것입니다. 바라기는 그러한 목회적인 소원과 열망에 따라 쓰인 이 책이 성경과 앞선 믿음의 선배들의 가르침을 오늘날에도 생생하게 살아 있는 진리로 전달하는 도구로 쓰임 받아 책을 읽는 모든 독자에게 실제적인 도움이 되었으면 합니다. 그래서 이 땅 곳곳에 구원의 하나님을 참으로 즐거워하며, 그분을 영원히 찬송하고자 하는 열심으로 충만한 성도들로 세워지기를 기도합니다.

— 박순용 (하늘영광교회 담임목사)

제1부

하나님의 구원

1장

우리가 얻은 구원
_ 중대한 만큼 혼란스러운 문제

"찬송하리로다 하나님 곧 우리 주 예수 그리스도의 아버지께서 그리스도 안에서 하늘에 속한 모든 신령한 복을 우리에게 주시되"(엡 1:3).

소홀하고 무지한,
그러나 사활이 걸린 구원 문제

'구원'은 모든 그리스도인이 가장 크게 관심을 갖는 문제입니다. 그래서 신자들은 구원과 관련된 언급에 매우 민감하게 반응합니다. 구원의 복됨과 영광스러움을 말하며 그 구원 위에 견고히 서도록 권하는 것이든, 반대로 구원받지 못한 자의 비참한 상태를 밝히며 자기의 구원을 점검해야 한다고 촉구하는 말이든 마찬가지입니다.

물론 구원에 대한 관심이 거의 없는 사람들도 있습니다. 그들은 교회 안에 있더라도 성경과 하나님을 믿지 않는 불신자들이라고 해도 과언이 아닙니다. 최소한 교회 안에서 참으로 예수 그리스도를 믿거나 믿고자 하는 자들에게 구원 문제는 가장 큰 관심의 대상 중 하나입니다. 이것은 그야말로 우리 모두의 영원한 운명과 관련된 문제이기 때문입니다.

성경이 말하는 구원은 단순히 천국이라는 좋은 곳에 가는 것, 영원한 영광으로 들어가는 것을 의미하지 않습니다. 성경은 그에 앞서 우리의 죄에 대한 하나님의 진노와 심판, 그리고 영원한 형벌을 말합니다. 구원은 무엇보다 끔찍한 죄와 형벌로부터 건져지는 것입니다. 그러므로 죄 있는 우리에게 구원 문제는 사활이 걸린 일일 수밖에 없습니다.

기독교회는 1세기 사도들로부터 지금까지 이토록 중요한 구원을 위한 길을 복음, 즉 복된 소식으로 전해 왔습니다. 이 땅에 오신 하나님의 아들 예수 그리스도 안에 구원의 길이 있다는 복음은 언제나 교회가 전하는 메시지의 핵심이었습니다.

하지만 이 땅에서 복음을 믿어 구원을 얻었다고 해도, 우리는 죽음 이후에야 온전하고 확실한 구원의 상태를 갖게 됩니다. 그래서 이 땅을 사는 신자들은 구원과 관련된 많은 질문과 의심, 그리고 회의에 시달릴 수 있습니다.

실제로 사도 시대로부터 2,000년에 이르는 지난 교회 역사 속에는 구원 문제로 많은 혼란이 있었고, 그에 따라 구원에 대한 여러 주장들이 나왔습니다. 그 주장들은 다양할 뿐만 아니라 서로 모순되는 경우도 많았고, 그로 인해 교회들이 나뉘기도 했습니다. 이런 혼란은 사도들의 죽음 이후 한두 세기가 지난 뒤부터 심화되다가 중세 시대에 이르러 극에 달했습니다. 16세기에 혼란을 바로잡고자 종교개혁이 일어났지만, 종교개혁의 뒤를 따르는 개혁교회들 안에서도 구원에 대한 혼란이 계속해서 발생했고 그 안에서 여러 이단들이 파생되기까지 했습니다. 그리고 아직도 교회 안에는 다양한 구원관들이 주장되고 유포되고 있습니다.

'나'의 구원과 회심에만 사로잡힌 현대 그리스도인들

구원 문제에 대해 혼란에 빠져 있는 교회의 현실에서 특히 염려스러운 사실은 대부분의 교회들과 신자들이 구원을 개인적이고 주관적인 차원에서만 생각한다는 점입니다. 종교개혁 때부터 개인의 구원을 강조하다 보니 이것이 지나쳐 개신교 안에 개인주의적인 구원관이 뿌리내린 것입니다. 그저 '나'의 구원만을 생각하고, 그런 메시지에만 소위 은혜를 받았다고 하는 경향이 오늘날 그리스도인들 사이에 보편화되었습니다.

이로 인해 많은 신자가 구원을 '나'의 현재와 장래의 상태에 대한 문제로만 축소시켜 생각합니다. '나'가 아니면 모든 것을 무의미하게 여기는 것입니다. "'나'에게 구원을 증명할 무엇이 있는가? '나'는 과연 구원을 얻었는가?" 하는 문제에만 마음을 쏟는 것입니다.

그래서 어떤 사람들은 자기에게 있었던 전환적이라고 할 만한 특정 경험을 지나치게 강조하고 거기에 몰두하기도 합니다. 자신의 경험을 구원의 기준으로 말하면서 다른 사람의 구원을 판단하거나 성경에서 벗어난 지극히 주관적이고 편협한 구원관을 형성하는 것입니다.

의외로 많은 사람이 구원을 주시고 이루시는 성부, 성자, 성령 삼위 하나님과 하나님의 구원 사역과 함께 강조되어야 할 하나님 나라, 그리고 구원받은 자들의 모임인 교회 등에 대해 소홀하고 무지합니다.

그저 개인 구원과 회심만 중요하지 그 이상은 신경 쓰고 싶어 하지 않습니다. 이런 배경 아래 우리는 성경이 말하는 구원, 1세기 사도들이 전했던 구원에 대한 내용을 차근차근 알아 갈 필요가 있습니다.

구원에 대한 성경의 가르침을 주목하는 3가지 목적

우리는 크게 3가지의 분명한 목적을 가지고 이 중대하면서도 혼란스러운 구원 문제를 살펴보아야 합니다.

• 예수 그리스도 안에 있는 객관적이고 우주적인 구원을 주목함

먼저, 우리는 우리가 예수 그리스도 안에서 얻는 구원이 객관적이고 우주적인 구원이라는 사실을 주목해야 합니다.

구약에서부터 예언되어 신약의 복음서들과 사도들의 서신서들에서 그 성취가 선포된 구원은 개인적이고 주관적인 문제를 훨씬 넘어서는 것으로서, 하나님의 아들 예수 그리스도 안에 있는 객관적이고 우주적인 것입니다. 물론 우리 개인이 그 안에서 구원을 얻지만, 성경이 말하는 구원은 그 이상입니다. 성경은 타락해 절망에 빠진 이 세상을 위해 하나님이 이루시는 객관적인 구원과 그러한 하나님의 역사로 인해 궁극적으로 온 우주와 다른 피조물들까지 죄의 속박에서 해방되는 우주적인 구원을 말합니다(롬 8:19-23).

우리가 구원에 대한 성경의 가르침을 살피는 첫 번째 목적은 바로 우리 개인에 앞서 온 세상을 위한 객관적이고 우주적인 구원을 이루시는 하나님의 역사를 먼저 주목해 아는 것입니다.

• 구원을 견고하게 함과 시험함

구원에 대한 성경의 가르침을 살피는 두 번째 목적은 객관적이고 우주적인 놀라운 구원의 역사 속에 포함된 우리 개인의 구원을 확인하는 것입니다. 이는 한편으로 하나님이 우리에게 허락하신 구원을 견고하게 하는 일이기도 하고, 다른 한편으로 우리의 믿음을 시험해 확증하는 일이기도 합니다.

1세기 사도들의 구원에 대한 가르침에도 이러한 양면이 있었습니다. 먼저 베드로는 그의 편지를 통해 1세기 당시 그리스도인들의 부르신과 택하신, 곧 구원을 굳게 하고자 했습니다(벧후 1:10). 요한도 하나님의 아들을 믿는 믿음을 가지고 있음에도 구원받았다는 사실을 확신하지 못하는 자들을 위해 "너희에게 영생이 있음을 알게 하려 함이라"(요일 5:13)라고 편지했습니다. 이와 같은 맥락에서, 이 책을 통해 구원에 대해 살피는 것도 우리가 받은 구원을 견고하게 하기 위함입니다.

구원에 대한 성경의 가르침을 살피는 것은 이미 받은 구원을 굳게 하며, 동시에 우리의 구원을 시험하는 일이 됩니다. 말씀 앞에서 "내가 믿음 안에 있는가? 그리스도께서 내 안에 계신가?" 하고 질문함으로 스스로를 시험해 자신이 정말 구원받았는가를 점검해 보는 것입니다(고후 13:5).

신자에게는 자신의 구원을 시험하는 말씀이 꼭 필요합니다. 구원을 시험하는 말씀 앞에서 회심을 경험하기도 하고, 예수 그리스도를 믿는다고 하면서도 주관적이고 자기중심적인 수준에 머물러 있던 신앙에서 벗어나 영광스럽고 복된 구원을 확고히 하는 기회를 얻기도 합니다. 모든 그리스도인은 자신의 구원을 시험해야 합니다. 그로써 거짓된 구원을 추구하고 있는 자는 바른 구원으로 나오고, 이미 구원을 받은 자는 자신이 받은 구원을 더욱 견고하게 해야 합니다.

- **잘못된 구원관을 분별함**

구원에 대한 성경의 가르침을 살피는 세 번째 목적은 잘못된 구원관을 분별하는 것입니다. 사도들은 1세기 성도들에게 구원에 대해 가르칠 때 앞서의 목적들뿐만 아니라 다양한 형태의 잘못된 구원관들을 바로잡기 위한 목적 또한 가지고 있었습니다. 예컨대 갈라디아 교회에 스며든 율법주의 등을 경계하려 했던 것입니다. 우리 역시 오늘날의 영적 현실 속에 있는 왜곡되고 치우친 구원관들을 밝히고, 앞으로도 얼마든지 있을 수 있는 유혹을 경계할 필요가 있습니다.

잘못된 구원관은 극단으로 치우친 이단들로부터 시작해서 가톨릭교회와 복음주의 교회들, 심지어 나름 개혁주의를 따른다고 자처하는 사람들 안에서도 발견됩니다. 왜곡된 구원관이 오늘날 교회 안에서 말씀을 가르치는 자들에 의해 광범위하게 주장되고 있는 것입니다.

사실 설교자들이 구원에 대해 조금씩 다르게 설명하는 일은 있을 수 있습니다. 종교개혁 이래로 지금까지 구원에 대해 나름대로 연구한 사람들이 저마다 조금씩은 그 내용을 다르게 설명해 왔을 만큼 구원에는 신비롭고 완전하게 설명하기 어려운 면이 있습니다.

어떤 사람들은 균형을 잃고 극단으로 치우친 구원론을 주장하며 자신의 편협한 관점과 다르면 모두 틀렸다고 판단해 정죄하지만 우리는 그런 태도를 지양해야 합니다. 극단으로 치우친 구원관은 결국 구원을 무기로 사람들을 옭아매고 구속하는 현상을 낳습니다. 구원을 빌미로 사람들을 미혹하는 이단들의 행태도 이러한 치우침과 연관이 있습니다. 한국 교회에 암 덩이처럼 번져 사회적으로도 많은 문제를 일으키고 있는 수많은 이단은 모두 구원을 미끼로 사람들을 옭아매고 속박합니다.

대표적인 예로 여러 구원파들을 들 수 있습니다. 권신찬 계열의 기독교복음침례회, 이요한 계열의 대한예수교침례회, 근래에도 종합경기장 같은 곳에 모여서 대형 집회를 많이 여는 박옥수의 기쁜소식선교회 등의 구원파들은 구원에 대한 편향된 주장으로 교회를 어지럽혀 한국 교회가 이단으로 정죄한 그룹들입니다. 오늘날 한국 교회의 커다란 암 덩어리로 부상하고 있는 신천지 집단이나 '하나님의교회'로 불리는 안상홍증인회, 여호와의증인도 극단적으로 잘못된 구원관 때문에 이단으로 정죄받은 그룹들입니다. 우리는 구원 문제로 사람들을 미혹하는 이단들을 분별해야 합니다.

하지만 그보다 더욱 아쉽고 안타까운 일은 소위 복음주의적인 교회 안에서도 구원에 대한 바르지 못한 가르침이 유포되고 있다는 점입니다. 이로 인해 야기되는 문제는 어쩌면 이미 드러난 이단들의 영향보다 더 광범위하고 심각할지 모릅니다. 특히 오늘날 많은 교회가 그저 쉽고 가볍게 얻는 구원을 가르침으로써 순전히 예수 믿어 세속적인 축복을 받고자 하는 기복적인 신앙생활을 하면서도 자신들의 구원을 확신하는 사람들이 부지기수입니다. '쉬운 구원'으로 인한 문제는 교회 안에 아주 보편적인 현상이 되어 버렸습니다.

또 오늘날 한국 교회 안에는 은연 중에 자신의 직분이나 교회 안에서의 섬김과 사역, 신앙의 연륜과 경력에 근거해 자신의 구원에 대해 생각하는 율법주의적인 구원관을 가진 사람들도 굉장히 많습니다. 어떤 교회들은 '구원', '회심', 또는 '거듭남'과 같은 용어들과 그런 것들을 가늠해 볼 수 있는 기준이나 열매를 가르치면서 절대시하고, 사람들을 그 기준에 옭아매는 경우도 있습니다. 이와 정반대로 하나님의 주권과 구원의 은혜만을 강조하며 구원의 증거들을 무시하는 무율법주의자들도 있습니다. 양쪽 모두 구원에 대한 하나님의 말씀을 오용하고 곡해한 결과라고 할 수 있습니다.

이처럼 오늘날 우리의 현실 속에는 창세로부터 계획해 이루신 하나님의 구원의 은혜와 능력을 하찮게 여겨 축소시켜 구원에 대해 치우치고 왜곡된 주장을 하는 일들이 있습니다. 대부분의 사람들은 치우친 가르침의 영향을 받으면 거기에 빠져들어 갑니다. 그래서 우리는 신앙의 기초를 쌓을 때부터 사도들의 가르침을 따라 구원에 대한 바르고

건강한 이해를 가질 필요가 있습니다.

특히 이 책의 목적은 사도들의 가르침을 따라 구원을 개인적이고 주관적인 차원에서 보기 이전에, 먼저 객관적이고 우주적인 구원의 영광과 복됨을 이해하는 것입니다. 우리는 그 위에서 우리 개인의 구원과 관련된 두 가지 차원, 즉 우리의 구원을 굳게 하는 일과 우리가 가진 믿음과 구원을 시험해 바로 세우는 일을 해야 합니다. 여기에 뒤따라 오늘날 우리의 현실 속에 유포되어 있는 잘못된 구원관에 의해 혼란에 빠지거나 미혹당하지 않도록 밝히는 일을 해야 합니다.[2]

구원의 진리를 살필 때 유의할 점

우리는 구원에 대한 성경의 풍성한 진리를 본격적으로 다루기에 앞서 한 가지 사실을 짚고 넘어가야 합니다. 그것은 성경이 말하는 구원이 누구에게 해당하는지에 관한 문제입니다. 좀 더 자세히 말하면, "구원을 교회 안에 있는 모든 이에게 해당되는 것으로 여길 것인가, 아니면 교회 안에 있지만 아직 회심 여부가 분명하지 않은 사람들에게는 해당되지 않는 것으로 여길 것인가?" 하는 문제입니다.

강단에서 신사의 삶에 관한 내용을 많이 설교하는 어떤 목사님은 회중 가운데 회심하지 않은 자들이 있더라도 자신은 그들을 구원이라는 강을 건넌 사람들로 보고 하나님이 행하신 일들을 설교한다고 말했습니다. 그러면서 그들에게도 하나님의 역사가 있기를 원한다고 했습니다. 이런 입장에 대해 어떤 사람들은 그것은 인간 중심적인 말씀 전파라고 지적하며, 철저하게 회심 여부를 따져 회심하지 않은 자들에게는 그들에게 맞는 설교를 해야 한다고 주장하기도 했습니다.

후자의 문제 제기는 오늘날 우리의 영적 현실에 꼭 필요한 지적이라고 할 수 있습니다. 실제로 많은 목회자가 교회 안에 모여든 사람들을 다 예수 믿는 사람, 구원받은 사람으로 생각하고 말씀을 전합니다. 그렇다 보니 오랫동안 교회를 다니면서도 자신의 구원, 또는 회심에 대해서 진지하게 확인해 보지 않은 채 적당히 신앙생활을 하는 사람들이 많아지고 있습니다. 교회에 나와 앉아 있으면 그것만으로 대충 구원받은 자로 여기는 분위기로 인해 교회 안에 신자 행세를 하는 가짜 신자들, 거짓되고 잘못된 구원관으로 자신과 타인을 기만하는 자들이 늘어난 것입니다.

열심히 예배당을 오가며 이런저런 봉사를 하고 직분을 얻은 것을 가지고 스스로 구원 얻은 자로 여기는 것은 비성경적이고 이상한 형태의 신앙입니다. 성경이 말하는 구원은 우리의 인식상의 문제 정도가 아니라 확실한 근거를 가지고 실제적이고 영원한 전환을 갖는 것입니다. 그럼에도 불구하고 오늘날 우리는 교회 안에서조차 이 문제를 진지하게 생각하지 않고 적당히 넘어가는 안타까운 현실을 경험하고 있습니다.

물론 앞에서 말한 목사님이 교회 안에 있는 사람들의 구원 문제를 진지하게 고려하지 않았던 것은 아닙니다. 다만 그분은 목사는 신자들의 구원을 좌우하는 자가 아님을 알고 그저 말씀 증거 속에서 하나님이 일하실 것에 의지해 회중을 하나님이 구원의 대상으로 삼으신 신자로 여기며 말씀을 전한 것입니다. 그러한 태도는 일면 긍정할 만합니다. 왜냐하면 회중을 회심했다고 보든 그 반대이든 회심의 결정적인 역사는 설교자의 몫이 아니기 때문입니다. 우리의 구원에서 설교자의 판단력보다 더욱 결정적인 것은 그 모든 것을 통해서 회심하게 하시는 하나님의 주권적인 역사입니다.

우리의 현실을 고려할 때 회심하지 않은 자들에게 자신의 상태를 명확하게 분별할 수 있는 말씀이 필요한 것은 사실이지만 이러한 관점과 태도에도 조심해야 할 부분이 있습니다. 그런 태도는 자칫 이미 구원을 받은 사람들까지도 구원, 회심의 문제에 계속 집착하고 얽매이게 하거나 지나치게 엄격하고 율법적인 구원관을 갖게 할 수 있기 때문입니다. 즉 신약의 사도들이 진리를 전함으로써 구원을 의심하며 확신하지 못하는 신자들을 굳게 하려 했던 것과 달리, 오히려 신자들이 구원의 확신에 거하지 못하고 의심하게 만들고, 결국 더 깊은 침체와 절망에 빠뜨리는 잘못을 범할 수도 있는 것입니다.

그러므로 구원 또는 회심의 열매와 증거에 지나치게 집착하는 것은 구원 문제를 가볍게 취급하는 것 못지않게 경계해야 할 태도입니다.

열매란 본래 점점 영글어 가는 특성을 가지고 있습니다. 그렇기 때문에 시간을 두고 지켜보지 않고 당장의 모습만으로 구원의 열매를 판단하는 일에는 늘 오판의 위험이 있습니다. 설교자가 구원 또는 회심 여부를 판단하다가 결국 하나님 대신 구원의 심판자 역할까지 범하는 잘못에 빠질 수도 있습니다.

회심을 강조하는 것은 분명히 성경적인 태도입니다. 하지만 회심을 강조하는 이들 중에는 극단에 치우친 자들이 일부 있습니다. 그들은 회심의 열매라는 잣대로 사람들을 판단해 거의 회중 전부를 회심하지 않은 자들로 규정하고, 회심 추구에만 몰두하게 만들기도 합니다. 그러나 무조건 엄격한 기준 아래에서 계속 회심 문제에만 착념하도록 한다고 해서 구원을 얻고 구원의 은혜를 더 깊이 누리게 되는 것은 아닙니다. 극단으로 치우친 태도는 오히려 성경이 말하는 구원과 믿음에서 멀어진 상태에 이르게 할 뿐입니다.

모든 부류의 사람들을 위한 진리

우리는 성경이 가르치는 구원을 주의를 기울여 살피되, 구원에 대한 양극단의 태도를 지양해야 합니다. 구원에 대한 말씀을 바르게 살필 때 구원받은 자들은 믿음과 확신이 더욱 견고해질 것입니다. 다른 한편으로 그릇된 지식과 착각으로 자신의 구원을 헛되이 확신하고 있는 자들은 자신을 시험하고 스스로의 상태를 자각해 참된 구원으로 나오게 될 것입니다. 물론 우리 안에서 이 일을 주도하시는 분은 성령이십니다. 다만 구원에 대한 말씀은 성령의 역사를 위한 도구로 사용될 뿐입니다. 이것이 이 책에서 구원에 대한 말씀을 살피려는 이유입니다.

이 책을 읽는 독자들 중에는 분명히 구원받은 자와 그렇지 않은 자가 있을 것입니다. 물론 누가 구원에 속한 자인지에 대한 우리의 추측이 틀릴 수는 있습니다. 하지만 우리 중에 두 부류의 사람이 있다는 사실은 부정할 수 없습니다. 하나님이 보실 때 죄와 허물로 죽은 상태에 그저 머물러 있는 사람들과, 죄에서 구원받아 새 생명 가운데 있는 사람들이 명확하게 구분될 것입니다.

R. C. 스프로울은 더 구체적으로, 구원의 관점에서 볼 때 세상에 네 부류의 사람들이 있다고 말했습니다.

첫 번째 부류는 구원을 받았고, 그 사실을 아는 사람들입니다. 그들은 구원을 받았을 뿐 아니라 자신이 은혜의 상태에 있다는 사실을 확신하는 사람들입니다. 물론 잠시 죄책감을 가져 어려움을 겪기도 하지만 그러한 의심 중에도 주께서 "능히 지키실 줄을 확신"(딤후 1:12)하는 사람들이 교회 안에 분명히 존재합니다.

두 번째 부류는 구원을 받았지만, 그 사실을 모르는 사람들입니다. 즉 은혜의 상태에 있음에도 자신의 구원을 온전히 확신하지 못하는 사람들입니다. 그들은 신앙생활에서 많은 문제와 오해와 혼란에 부딪힙니다. 그들은 주로 극적인 회심 사건이나 체험이 없다는 것 때문에, 또 자기 자신이나 타인이 인정할 만한 구원의 증거나 열매가 없다는 이유로 구원을 확신하지 못합니다.

구원파 이단들은 구원받은 날짜와 시간과 장소를 알아야만 진짜 구원받은 것이라고 말합니다. 복음주의와 개혁주의 안에도 이런저런 열매가 확인되기까지는 구원받은 것으로 취급하지 않는 이들이 있습니다. 이런 식의 극단적인 주장은 교회 안에 두 번째 부류에 속한 자들이 실제로 있다는 사실을 간과한 데서 비롯된 것입니다.

물론 구원받은 날짜나 시간을 정확하게 말할 수 있는 사람이 있을 수도 있습니다. 그리고 모든 예수 믿는 사람들에게는 결국 어떤 증거와 열매가 있게 되는 것 또한 사실입니다. 그러나 성경은 참된 은혜의 상태에 있음에도 그것을 모르는 자가 있을 수 있음을 말해 줍니다(벧후 1:10; 요일 5:13). 이 때문에 스프로울은 '회심'과 '회심의 경험'을 구별할 필요가 있다고 말했습니다. 우리의 영혼 안에 이루어진 하나님의 사역과 우리가 인식하는 회심의 경험이 일치되지 않을 수 있다는 것입니다.

"성령을 통해 중생의 역사가 이루어졌지만 그 사람이 자신의 영혼 안에서 이미 이루어진 일을 실제로 경험하기까지는 일주일이나 한 달, 심지어 몇 년이 걸릴 수도 있다. 따라서 내가 회심의 날짜와 시간을 아무리 자신 있게 말할 수 있다고 해도 그것은 회심의 사실이 아니라 단지 나의 경험과 관련 있을 뿐이다."[3]

구원받은 자도 자신 안에 일어난 신비스러운 역사를 정확하게 감지하지 못함으로써 확신하지 못할 수 있는 것입니다.

스프로울이 말한 세 번째 부류는 구원받지 못했고, 그 사실을 아는 사람들입니다. 그들은 자신이 하나님께로부터 멀고 심판을 받을 상태에 있음을 알고도 죄악된 상태에 머물러 있을 뿐만 아니라 자신과 같은 행악자들을 옳다 하는 자들입니다(롬 1:32). 그들은 자신에게 정확하고 확실한 믿음이 없다는 것을 알지만 그러한 상태를 방기하다가 종종 임종이 가까워졌을 때 신부나 목사를 불러 구원받지 못한 자신의 상태를 호소하기도 합니다.

마지막 네 번째 부류는 구원을 받지 못했음에도 그 사실을 모르는 사람들입니다. 즉 은혜의 상태에 있지 못한데도 자신이 구원받은 줄로 착각하고 있는 경우입니다. 교회 안에는 이렇게 자신의 구원과 관련해서 거짓된 확신을 가진 사람들, 스스로를 기만하며 열심을 내는 부류가 있습니다. 예수님은 마태복음 7장에서 거짓된 확신 속에서 살다가 마지막에 주님 앞에 서서 "제가 주의 이름으로 무엇도 하고, 무엇도 했습니다"라고 말하는 자들에게 "내가 너희를 도무지 알지 못한다"라고 말할 것이라고 하셨습니다(마 7:21-23).

우리는 교회 안에 구원받은 자와 구원받지 못한 자가 섞여 있고, 더 구체적으로는 네 부류의 사람들이 있다는 사실을 염두에 둘 필요가 있습니다. 이 책에서 살펴볼 구원에 대한 말씀은 네 부류에 속한 자들 모두를 위한 것입니다. 구원을 받았고 그 사실을 확실하게 아는 자는 앞으로 살필 내용을 통해서 구원의 복됨과 풍성함을 더 분명하게 확인하고 감사하며 누리게 될 것입니다. 구원을 받았음에도 그 사실을 알지 못하고 힘들어하는 자는 이 내용이 그의 구원을 확인하고 굳게 해주리라고 믿습니다. 또한 구원받지 못한 사람들에게도 참된 구원의 은혜 앞으로 나오게 하는 계기가 될 수 있기를 바랍니다.

구원의 모든 역사는 하나님에 의한 역사다

　구원의 진리를 살필 때 우리가 기억해야 할 가장 우선적인 사실, 특히 이 책에서 우리가 주로 주목해 보고자 하는 바는 구원이 우리에 의한 것이 아니라 하나님에 의한 역사라는 점입니다. 물론 회개나 성화의 과정 속에 우리가 구원에 반응하는 사람으로서 참여하는 부분이 있지만 그것은 상대적으로 적은 부분일 뿐입니다. 구원의 모든 역사는 눈에 보이는 우리의 모습에 따른 것이 아니라 절대적으로 보이지 않는 하나님의 사역에 따른 것입니다. 우주적인 계획과 구속의 성취, 그리고 우리가 은혜에 인격적으로 반응하고 변화하기까지 배후에서 섭리해 구원을 이루어 가시는 은밀하고 신비로운 하나님의 크신 역사 속에 이루어지는 것입니다. 그러므로 우리는 그 큰 것에 우선적으로 주목할 필요가 있습니다.

　물론 구원 문제를 성경적으로, 그리고 균형 있게 다루는 일은 그리 간단하지 않습니다. 지금까지도 구원에 대한 진술들에는 혼란과 다양한 견해가 존재합니다. 구원의 순서 등에 대한 문제는 그 난해함 때문에 개혁주의 안에서도 조금씩 설명을 달리하는 경우가 있습니다. 심지어 성경에서 빗나간 설명과 판단이 교회 안에서 버젓이 영향력을 행사하는 경우도 있습니다.

　앞서 말한 것처럼, 어떤 사람들은 자신이 알고 있는 것이 아니면 구원이 아닌 것처럼 다른 사람을 몰아세우기도 합니다. 구원 또는 회심의 열매를 강조하며 사람들의 반응에만 주로 초점을 맞추어 구원 문제를 말함으로써 잘못에 빠진 것입니다. 또 어떤 사람들은 정반대로 인간의 반응은 뒤로하고 하나님의 주권이나 은혜의 역사에만 초점을 맞춤으로써 치우치기도 합니다.

우리는 이렇게 혼란스러운 영적인 현실 속에서 진지하고도 조심스럽고 겸손하게 구원에 관한 문제들을 차근차근 살펴 갈 필요가 있습니다. 우리 또한 사도들이 의도했던 앞서 3가지 목적을 의식하며 성경이 말하는 참된 구원을 신중하게 알아 가고 이루는 길로 나아가야 합니다.

구원은 우리 영혼의 영원한 운명이 걸린 매우 절박한 문제입니다. 지금도 수많은 사람이 구원을 미끼로 미혹하고 속박하는 가르침을 유포하고 있습니다. 그리고 많은 사람이 이에 빠져서 그릇된 신앙과 확신을 가지고 신앙생활을 하고 있습니다. 이 혼란의 시대에 우리가 성경이 말하는 데까지, 계시의 말씀이 알려 주는 데까지 신중하게 살펴 앎으로써 진리를 통해 사도들이 목적했던 바를 이룰 수 있기를 소원합니다.

무엇보다 이 책을 통해 함께 구원에 대해 살필 때 우리의 마음이 하나님께 집중되면 좋겠습니다. 그리고 구원하시는 하나님을 향한 우리 안에서의 반응이 생생해지기를 소망합니다. 구원을 위한 하나님의 일하심을 알아 감으로써 우리의 존재와 삶에 하나님 중심성이 굳게 세워지고, 더욱 분명히 드러나기를 간절히 바랍니다. 하나님이 우리에게 주신 견고한 구원이 우리의 존재와 삶에서 더욱 밝게 빛나기를 진심으로 소망합니다.

2장

우리가 얻은 구원의 주체
_ 성부, 성자, 성령 삼위 하나님

"찬송하리로다 하나님 곧 우리 주 예수 그리스도의 아버지께서 그리스도 안에서 하늘에 속한 모든 신령한 복을 우리에게 주시되 곧 창세전에 그리스도 안에서 우리를 택하사 우리로 사랑 안에서 그 앞에 거룩하고 흠이 없게 하시려고 그 기쁘신 뜻대로 우리를 예정하사 예수 그리스도로 말미암아 자기의 아들들이 되게 하셨으니 이는 그가 사랑하시는 자 안에서 우리에게 거저 주시는바 그의 은혜의 영광을 찬송하게 하려는 것이라 우리는 그리스도 안에서 그의 은혜의 풍성함을 따라 그의 피로 말미암아 속량 곧 죄 사함을 받았느니라 이는 그가 모든 지혜와 총명을 우리에게 넘치게 하사 그 뜻의 비밀을 우리에게 알리신 것이요 그의 기뻐하심을 따라 그리스도 안에서 때가 찬 경륜을 위하여 예정하신 것이니 하늘에 있는 것이나 땅에 있는 것이 다 그리스도 안에서 통일되게 하려 하심이라 모든 일을 그의 뜻의 결정대로 일하시는 이의 계획을 따라 우리가 예정을 입어 그 안에서 기업이 되었으니 이는 우리가 그리스도 안에서 전부터 바라던 그의 영광의 찬송이 되게 하려 하심이라 그 안에서 너희도 진리의 말씀 곧 너희의 구원의 복음을 듣고 그 안에서 또한 믿어 약속의 성령으로 인 치심을 받았으니 이는 우리 기업의 보증이 되사 그 얻으신 것을 속량하시고 그의 영광을 찬송하게 하려 하심이라"(엡 1:3-14).

성경은 구원을 이렇게 가르친다

많은 사람이 성경이 말하는 구원을 매우 협소하게 생각해 '예수 믿으면 천국 간다', '예수 믿으면 구원받는다'라는 간단한 내용 정도로 생각합니다. 하지만 성경이 말하는 구원은 그보다 훨씬 더 풍성한 내용을 담고 있습니다. 이 사실을 바르고 깊이 있게 알고 누리기 위해서는 성경의 가르침을 체계적으로 이해하고자 하는 수고와 인내가 필요합니다.

구원에 대한 성경의 내용을 체계적으로 설명하는 가장 보편적이고 일반적인 방식은 성령 하나님의 사역을 주목해 설명하는 것입니다. 성령은 예수 그리스도께서 십자가에서 이루신 구속을 우리에게 적용해 거듭나 회개하고 예수를 믿도록 하는 일 등을 하십니다. 바로 이러한 역사들을 부르심, 거듭남, 회개와 믿음, 성화 등 일련의 순서로 정리해 '구원의 순서' 또는 '구원의 서정'이라고 부릅니다. 일반적으로는 이것이 구원에 대한 성경의 가르침이라고 이해되었습니다.

하지만 성경이 말하는 구원은 성령 하나님의 사역에만 국한되지 않습니다. 예를 들어, 성경은 구원의 모든 것을 계획하신 성부 하나님의 계획에 대해서도 말합니다. 에베소서 1장에서 바울은 '택하심', '예정'

등의 단어로 그 내용을 강조했습니다. 뿐만 아니라 성경은 예수 그리스도께서 구원을 위해 이 땅에 오시어 이루신 일을 강조합니다. 성령은 예수님이 이루신 바로 그 구원을 우리에게 적용하시는 것입니다.

따라서 구원에 대한 폭넓은 이해를 갖기 위해서는 구원을 위해 일하시는 성부, 성자, 성령 하나님 각각의 사역을 모두 살펴보는 것이 더 유익합니다. 그와 같은 필요를 따라 이 책에서는 성령 하나님이 우리에게 적용하시는 구원을 이해하는 기초로서 성부 하나님과 예수 그리스도께 속한 구원 사역들을 간단하게 다루고자 합니다.

구원의 일을 행하신 하나님께 시선 집중

성경이 말하는 구원은 '하나님이 그리스도 안에서 성령을 통해 사람들을 구원하시는 것'입니다. 특히 에베소서에서 바울은 구원이 개인의 운명을 훨씬 넘어서는 것임을 매우 분명하게 말했습니다. 하늘에 있는 것이나 땅에 있는 것이 다 그리스도 안에서 통일되게 하는 우주적인 역사로 이야기한 것입니다(엡 1:10). 또한 바울은 구원을 교회론적인 것으로 말했습니다. 하나님이 죄 아래 있는 사람들, 타락으로 인해 저주 아래 있는 자들을 구원해 그들로 구성된 교회를 세우신다는 것입니다(엡 2장).

성경은 구원의 큰 그림 안에서 개개인의 구원 문제를 이야기합니다. 한 사람이 구원받는 배경에 개인의 경험을 훨씬 뛰어넘는 어마어마한 이야기가 흐르고 있음을 말해 줍니다. 구원을 오해해 개인적인 차원에서만 생각해 자신의 경험과 느낌에 주로 집중하고 치우치는 사람들이 있지만, 성경이 말하는 구원은 그렇게 좁은 관점으로 볼 것이 아닙니다. 성경은 우리 각 사람이 구원을 얻기 이전부터 하나님이 행하시고 이루신, 우리가 다 헤아리지 못할 하나님의 크신 역사를 말하기 때문입니다.

즉 성경은 구원을 '하나님 아버지께서 창세전에 그리스도 안에서 우리를 택하시고 그 기쁘신 뜻대로 우리를 예정하신 것'(엡 1:4-5), '그분의 계획을 따라 우리가 예정을 입어 그 안에서 기업이 되게 하신 것'(11절), '하나님의 독생자께서 이 땅에 육신을 입고 오셔서 십자가에 달려 피 흘리심으로 말미암아 우리로 죄 사함을 얻게 하신 것'(7절), '성령 하나님의 역사 속에서 구원의 복음을 듣고 믿어 성령의 인 치심을 받게 하신 것'(13절) 등 풍성한 내용으로 표현합니다.

구원에 관한 성경의 진리는 우리의 시선을 우리를 향한 하나님 아버지와 성자 하나님, 성령 하나님의 역사로 끌고 갑니다. 성경은 우리의 관심을 일차적으로 우리 자신과 우리의 경험이 아니라 놀랍고도 광대한 하나님의 구원의 역사로 집중시킵니다.

구원에 대해서 말할 때 "무엇에 초점을 맞출 것인가?" 하는 문제는 매우 중요합니다. 구원을 경험에 국한시켜서 보면 확신의 근거를 자신의 체험 안에서 찾게 되고, 그로 인해 착각과 교묘한 자기 의에 사로잡힐 수 있습니다.

성경은 구원을 그저 한 사람이 옛 생활을 버리고 죽은 행실을 회개해 예수 믿는 것 정도로 설명하지 않습니다. 히브리서 기자는 죽은 행실을 회개함과 하나님께 대한 신앙과 세례들과 안수와 죽은 자의 부활과 영원한 심판에 관한 교훈의 터를 다시 닦지 말라고 권했습니다. 우리는 계속해서 초보 수준에서만 구원을 말할 수 없습니다(히 6:1-2). 그것은 단단한 음식을 먹지 못하고 젖만 먹는 어린아이 상태에 머무르는 것이기 때문입니다(히 5:12-14). 성경은 우리에게 그 이상의 것을 말해 주며, 그것을 주목하도록 합니다.

삼위 하나님이 합력해 이루신 우리의 구원

회심에 지나치게 몰입해 그것을 전부로 생각하는 사람들은 "회심부터 해야지, 그전에 단단한 음식이 무슨 소용입니까?"라고 반문할 수도 있습니다. 그들은 회심 여부가 분명하지 않다면 회심과 관련된 가르침 외에 성경의 다른 내용들에는 관심을 기울이지 않는 극단적인 모습을 취하기도 합니다.

또 어떤 사람들은 창세전까지 거슬러 올라가 택하심과 예정, 그리스도 안에서 그분의 피로 죄 사함을 받는 것, 하늘에 있는 것과 땅에 있는 것이 그리스도 안에서 통일되는 것 등을 자신과는 상관없는 내용으로 여기며, 그저 단순하게 예수 믿고 구원받고 싶다고 생각하기도 합니다. 성경이 말하는 풍성한 진리를 알려 하기보다 기도, 봉사, 여러 모임에 참석하는 것으로 적당히 신앙생활을 채우려고 하는 것입니다.

히브리서 기자는 이와 같이 세월이 흘러도 젖 먹는 어린아이 수준에 머물러 있는 자들을 향해 때가 오래되었으므로 선생이 되어야 마땅할 텐데 다시 하나님의 말씀의 초보를 누군가에게서 배워야 할 처지에 있다며 책망했습니다(히 5:12).

구원은 경험 안에서만 이야기할 수 있는 것이 아닙니다. 구원의 배경에는 하나님과 그분의 놀라운 역사가 있습니다. 물론 예수님을 믿으면서 정서상의 기쁨과 변화를 경험하기도 합니다. 그러나 그것은 초보요, 큰 구원의 지극히 작은 부분일 뿐입니다. 우리는 그 막후에 어마어마한 무엇이 있음을 알고 우리의 시선을 구원의 일을 행하신 하나님께로 향해야 합니다. 성경이 말하는 놀랍고 엄청난 일에 주목해야 합니다.

성경은 성부, 성자, 성령 삼위 하나님이 함께 우리의 구원을 이루셨음을 강조합니다. 바울은 에베소서 1장 전반부에서 우리의 구원을 이야기하면서 삼위 하나님을 모두 언급했습니다. 3절의 "하나님 곧 우리 주 예수 그리스도의 아버지"는 성부 하나님이십니다. 6절의 "그의 사랑하시는 자"는 성자이신 주 예수 그리스도이십니다. 그리고 13절에는 성령 하나님이 언급되었습니다. 바울은 이 말씀을 통해 성부, 성자, 성령 삼위 하나님이 함께 역할을 맡아 우리를 위한 구원의 일을 행하신다는 사실을 말해 주었습니다.

우리는 말씀 묵상하기를 싫어하고, 눈으로 보고 감각적으로 와 닿는지 여부에 따라 싫고 좋고를 말하는 시대에 살고 있습니다. 하지만 구원에 관련된 이 중대한 문제만큼은 성경이 말하는 바를 깊이 묵상해 볼 필요가 있습니다. 단순히 성경 본문의 문자적인 의미를 아는 지식을 넘어서서 그것이 가리키는 실체에 대해서 헤아려 보아야 합니다. 우리같이 작고 유한한 자들의 구원을 위해 영원하시고 무한 불변하신 하나님이 창세전에 계획하시고, 역사 속에 오셔서 십자가에 달려 죄를 대속하시고, 쉽게 돌이키고자 하지 않는 우리 인생의 어느 시점에 다가오셔서 믿도록 하신 구원의 역사들을 깊이 묵상해 보아야 합니다.

성부: 하나님의 구원 계획

물론 그 실체를 헤아려 보는 것은 결코 간단한 일이 아닙니다. 우리는 성부 하나님의 구원의 역사, 곧 창세전에 있었던 계획하심에 대해 말하는 에베소서 1장 4-5절의 실체를 헤아리는 데서부터 어려움을 느낍니다. 창세전에 자기의 기쁘신 뜻대로 그리스도 안에서 우리를 예정하신 하나님의 인격과 권세와 위엄을 헤아리는 것은 쉬운 일이 아닙니다.

그러나 그것이 성경이 우리의 구원에 대해 말하는 바입니다. 하나님이 현재를 사는 우리의 구원을 창세전부터 계획하셨다는 것입니다. 우리는 그 하나님의 기쁘신 뜻과 지혜, 선하신 성품을 묵상해 보아야 합니다. 우리를 향한 경이로운 은혜에 대해 생각해 보아야 합니다.

성자: 하나님의 구원 계획 성취

그러나 우리의 구원이 아버지 하나님의 놀라운 계획만으로 이루어지는 것은 아닙니다. 성경은 그 계획을 이루기 위해 이 땅에 오신 성자 하나님의 사역에 대해서도 말합니다. 우리 구원의 배후에 하나님의 아들 예수 그리스도께서 우리의 모든 죄를 지고 십자가에 달려 죽으신 일이 있음을 말해 줍니다. 성자 예수께서 인간의 몸을 입고 오셔서 거룩하신 하나님 앞에 설 수 없는 죄인, 죄로 인한 심판과 형벌 외에 다른 것을 생각할 수 없는 우리를 죄와 심판으로부터 건져 완전한 의로 서게 하신 것입니다. 본문인 에베소서 1장의 '그리스도 안에서', '그리스도로 말미암아', '사랑하시는 자 안에서', '그의 피로 말미암아' 등의 표현들은 모두 그런 내용을 담고 있습니다.

우리의 구원은 성자 하나님이 자신을 한없이 낮추어 우리와 같은 육신을 입고 이 땅에 오셔서 행하신 일에 따라 있게 되었습니다. 이 사실 역시 참으로 놀라운 일입니다. 우리는 육신을 입으신 하나님이 우리의 죄를 대신 지고 십자가에 달려 죽으심으로써 있게 된 구원의 실체를 다 헤아리기 어렵습니다.

필자는 십자가의 비밀과 구속의 은혜를 강단에서 자주 전했습니다. 성찬 때나 고난주간 예배, 여타의 집회들에서 그 내용에 대해 수없이 말해 왔습니다. 다른 그리스도인들 또한 십자가에 대해 많이 생각하고 말할 것입니다. 그러나 우리는 십자가를 깊이 묵상하면 묵상할수록 성자 하나님이 구원을 위해 성육신하셨다는 한 가지 사실조차 다 헤아릴 수 없다는 사실을 직면하게 됩니다. 빌립보서에서 바울은 이렇게 말했습니다.

"그는 근본 하나님의 본체시나 하나님과 동등됨을 취할 것으로 여기지 아니하시고 오히려 자기를 비워 종의 형체를 가지사 사람들과 같이 되셨고 사람의 모양으로 나타나사 자기를 낮추시고 죽기까지 복종하셨으니 곧 십자가에 죽으심이라"(빌 2:6-8).

영원하시고 무한하신 성자 하나님이 아버지 하나님의 구원 계획을 이루시고자 우리를 위해 낮아져 사람이 되신 것을 피조 세계에 있는 다른 무엇과 견주어 이해할 수 있겠습니까? 우리가 이 세상에서 찾아볼 수 있는 낮아짐은 모두 상대적인 것들입니다. 하나님의 본체로서 영원부터 영원까지 스스로 계셔서 본질상 죽으실 수 없는 분이 우리를 위한 하나님의 구원 계획을 따라 우리의 죄를 지심으로 죽기까지 낮아지셨습니다. 그분의 죽음은 우리가 흔히 보는 다른 사람들의 죽음과는 다릅니다. 주님은 우리로서는 이해하기 어려운 놀라운 일을 우리의 구원을 위해 행하셨습니다.

우리는 성경을 통해 우리의 구원이 어떻게 있게 된 것인지를 배워야 합니다. 우리의 구원을 위해 자신을 낮추신 성자 하나님을 생각하지 않고 그저 자신이 구원 얻는 것만 생각하면 자연히 엉터리 같은 신앙과 삶이 뒤따르게 됩니다. 영광스럽고 영존하시는 하나님이 자신을 낮추어 육신을 입으셨다는 사실을 쉽게 생각하는 사람은 구원을 자기중심적으로 바라보게 됩니다. 그런 신앙은 정상적일 수 없습니다.

우리의 구원은 우리의 행위와 체험에 국한해 말할 만큼 협소하지 않습니다. 우리가 얻은 구원은 유한한 우리의 무엇이 아니라 하나님의 완전한 구원 행동에 근거한 것입니다. 그것을 명확하게 인식하고 우리를 구원하시는 하나님과 그분의 사역에 근거한 믿음과 삶을 갖는 것이 정상적인 신자의 모습입니다.

성령: 하나님의 구원 계획 적용

우리의 구원은 성부 하나님의 계획과 그 계획에 대한 성자 하나님의 성취뿐만 아니라 그리스도께서 십자가에 달려 죽으심으로써 성취하신 구원을 우리에게 적용해 우리의 소유가 되도록 하시는 성령 하나님의 사역에 따른 것이기도 합니다. 성경은 이 사실을 명확하게 가르칩니다.

> "그 안에서 너희도 진리의 말씀 곧 너희의 구원의 복음을 듣고 그 안에서 또한 믿어 약속의 성령으로 인 치심을 받았으니"(엡 1:13).

우리는 그리스도께서 우리 밖에서 이루신 일에 자발적으로 반응해 그것을 자신의 것으로 소유할 수 없습니다. 하나님은 우리가 믿음으로 그리스도의 구원에 참여하게 하셨지만 우리 스스로 "예수 믿으라"라는 말에 반응해 예수를 믿을 수는 없습니다. 우리의 구원에 필요한 모든 것을 예수님이 성취하셨지만, 그 구원이 자동적으로 우리의 것이 되는 것은 아닙니다. 어렸을 때 부모님을 따라, 누구를 만나거나 혹은 무엇을 얻으려고, 때로 인생이 힘들어서, 아내나 남편에게 이끌려서 교회당에 갈 수는 있지만 본성상 스스로 예수를 믿지는 못합니다.

모든 인간은 죄와 허물로 죽은 자들이기 때문에 이 세상 풍조를 따르기를 더 좋아하고, 공중의 권세 잡은 자, 곧 마귀를 따라 사는 본질상 신노의 자녀들로서 육제의 욕심을 따라 육체와 마음의 원하는 것을 하면서 살고 싶어 합니다(엡 2:1-3). 그런 우리가 하나님의 아들 예수 그리스도께서 십자가에서 이루신 구원을 믿어 소유할 수 있는 이유는 성령 하나님의 사역 때문입니다.

성령 하나님은 진리의 말씀, 곧 구원의 복음을 듣는 자들 안에 역사하셔서 거듭나게 하시고, 말씀을 듣고 회개해 예수 그리스도를 구주로 믿도록 하십니다. 신자가 의롭다 함을 얻는 구원을 받는 것은 이러한 성령의 역사 때문입니다. 또 성령은 그 이후로도 일하시어 우리가 영화롭게 되기까지 거룩하게 변화되도록 하시고 끝까지 붙들어 주십니다.

성령은 이렇게 한 사람이 구원을 얻어 하나님의 백성 공동체의 일원이 되고, 마침내 하늘의 것이나 땅에 있는 것이 다 그리스도 안에서 통일되는 놀라운 역사에 최종적으로 참여하기까지 이끄십니다.

삼위 하나님의 큰 구원을 바라보라

모든 구원의 역사는 인간의 자력으로가 아니라 성부, 성자, 성령 하나님의 역사에 의한 것입니다. 이는 우리가 구원에 대해 알아야 할 가장 중요한 사실입니다. 단순 지식으로서가 아니라 자신의 구원과 관련된 산지식으로 알고 있어야 합니다. 우리의 어떤 행위와 체험에 앞서 삼위 하나님의 구원 행동으로 인해 자신의 현재가 있게 되었다는 사실을 기억해야 합니다.

물론 성부, 성자, 성령 삼위 하나님이 우리를 위해 행하신 구원의 일들을 우리가 온전히 이해하기는 어렵습니다. 하지만 예수 그리스도를 믿는 자는 자신의 믿음과 구원이 우주 만물을 창조하신 분이요, 모든 것의 시작자이신 성부, 성자, 성령 하나님의 신비한 구원 행동으로 말미암아 있게 되었다는 성경의 가르침을 기억하고 묵상하며 살아가야 합니다. 행실을 회개하고 하나님을 믿는 등 자신에게 있는 신앙적인 반응을 넘어 그 배후에 있는 성부, 성자, 성령 하나님의 크고 광대한 구원 행위를 주목해야 합니다. 그것을 더욱 깊이 알고 그 은혜에 감사하며 합당하게 행하는 삶을 살기를 힘써야 합니다.

물론 보이지 않는 하나님의 은혜를 묵상하고, 감사하며, 성숙을 이루어 가는 삶을 살기란 말처럼 간단하지 않을 것입니다. 하지만 신자에게 성부, 성자, 성령 하나님의 구원 행동을 더 깊이 알고 그 은혜의 영광을 찬양하는 삶을 사는 것보다 놀랍고 복된 상태는 없습니다.

우리를 구원으로 이끌 뿐만 아니라 우리의 신앙과 삶 전반을 부요하게 하는 것은 성부, 성자, 성령 하나님의 구원 사역을 아는 것입니다. 하나님을 아는 지식이 깊어질수록 우리의 신앙이 깊어지고 삶의 참된 기쁨과 평안도 더해집니다. 또한 구원자 하나님을 정확하고 풍성하게 알 때 에베소서 1장 6, 12, 14절 말씀과 같이, 구원 얻은 자신의 무엇, 즉 자신의 행위와 체험을 자랑하려 하기보다 구원하시는 하나님의 은혜의 영광을 찬송하게 될 것입니다. 단순히 그렇게 찬양하는 것을 좋아하는 정도가 아니라 놀라운 하나님의 은혜의 영광을 우리의 모든 존재와 삶을 통해 찬양하게 될 것입니다.

성부, 성자, 성령께서 행하심으로써 허락하시는 구원의 은혜로움과 견고함을 보십시오. 구원은 어떤 것으로도 흔들릴 수 없습니다. 우리가 이 땅에서 갖는 어떤 체험은 크고 견고한 구원의 일부일 뿐입니다. 천지만물을 창조하신 삼위 하나님이 합력해 이루신 구원을 보십시오.

우리의 구원을 계획하신 성부 하나님과 우리와 같은 죄인을 구원하기 위해 죄를 대신 짊어지신 예수 그리스도, 이토록 고집불통인 우리에게 적절한 때에 다가오셔서 예수 그리스도를 믿어 하나님 앞에 반응하도록 역사하시는 성령 하나님께 속한 막후의 역사를 보십시오. 그 모든 일을 생각할 때 우리는 찬양하지 않을 수 없습니다. 하나님이 행하신 구원의 일들을 주목하며, 그 은혜로 인해 자신이 믿는 자의 자리에 서게 되었음을 아는 자는 구원의 하나님으로 인해 그분의 은혜의 영광을 찬송할 수밖에 없습니다.

우리 모두가 삼위 하나님에 의한 구원을 소유하고 자신을 향한 하나님의 은혜를 더 깊이 알아 갈 수 있기를 소망합니다. 하나님으로 인해 놀라워하며 그분의 은혜의 영광을 전심으로 찬송하게 되기를 바랍니다. 세월이 지날수록 우리의 인격과 삶에 그러한 모습이 더욱 선명하게 나타나기를 소원합니다.

3장

우리가 얻은 구원의 근원
_ 성부 하나님의 창세전 계획

"찬송하리로다 하나님 곧 우리 주 예수 그리스도의 아버지께서 그리스도 안에서 하늘에 속한 모든 신령한 복을 우리에게 주시되 곧 창세전에 그리스도 안에서 우리를 택하사 우리로 사랑 안에서 그 앞에 거룩하고 흠이 없게 하시려고 그 기쁘신 뜻대로 우리를 예정하사 예수 그리스도로 말미암아 자기의 아들들이 되게 하셨으니"(엡 1:3-5).

창세전부터 시작된 신비로운 구원

우리는 앞서 우리의 구원이 성부, 성자, 성령 하나님에 의해 있게 되었다는 사실을 살폈습니다. 이제부터는 그 내용 각각을 구체적으로 알아보려고 합니다.[4] 이 장에서 주로 다룰 내용은 성부 하나님의 구원 계획입니다.

바울은 본문인 에베소서 1장 3-5절에서 우리의 구원이 성부 하나님의 계획에 따른 것임을 분명히 밝히며 성부께서 "창세전에 그리스도 안에서 우리를 택하사", "그 기쁘신 뜻대로 우리를 예정하사"라고 말했습니다. 로마서 8장 29절에서는 같은 내용을 "하나님이 미리 아신 자들을……미리 정하셨으니"라고 표현했습니다. 이는 우리의 구원이 창세전부터 시작된, 우리가 미처 다 헤아리지 못할 실체라는 것을 알려 줍니다.

물론 하나님이 창세전에 우리의 구원을 계획하시고 구원할 자들을 택해 예정하셨다는 성경의 내용을 지식으로 수용하는 일은 그리 어렵지 않을 수도 있습니다. 그러나 그렇게 표현된 내용의 실체를 구체적으로 헤아리는 것은 전혀 다른 문제입니다. 이는 우리가 얻은 구원이 얼마나 놀랍고 신비스러운 것인지를 생각하게 합니다.

구원의 대상자의 입장에서 신비를 대할 때

하지만 그동안 많은 사람이 성경이 말하는 하나님의 구원 계획을 경외심을 가지고 살피기보다는 그와 관련된 다양한 신학적인 주장과 해석들을 내놓음으로 무색하게 해왔습니다. 또 예부터 지금까지 선택 교리를 문제시하며 복음을 거절한 사람들도 많았습니다. 우리는 그와 같은 사변에 빠지지 말고, 바울이 표현한 방식에 유념해 이 은혜로운 진리를 바라보고 묵상해야 합니다.

바울은 구원에 대해 말할 때 로마서에서는 상당히 논증적으로 설명한 반면, 에베소서에서는 찬송의 형식으로 표현했습니다. 그런데 성경 전체를 놓고 볼 때 찬송의 맥락에서 구원을 말한 에베소서에서 성부 하나님의 구원 계획에 대한 가장 구체적이고 직접적인 진술을 접하게 됩니다. 바울은 '창세전 계획'이라는 놀라운 하나님의 구원 행위를 깨닫고 그것을 논증하기보다 오히려 탄복해 찬송하는 가운데 표현했던 것입니다.

이처럼 바울은 하나님이 우리를 창세전에 택하시고 구원을 예정하셨다는 사실을 구원의 대상자의 입장에서 깨닫고 고백했습니다. 우리 역시 예정과 선택의 문제를 다룰 때 바울과 같은 태도를 가질 필요가 있습니다.

많은 사람이 선택과 예정의 문제가 언급되는 하나님의 구원 계획을 논쟁적인 태도로 다룹니다. 하지만 그 진리는 바울처럼 하나님의 계획에 따라 구원을 받은 자들이 자신에게 허락된 구원을 깨닫고 나서야 말할 수 있는 것입니다. 이미 구원받은 자로서 구원의 배후에 있는 은혜로운 역사에 탄복하고 감사해 하나님을 찬양하는 마음으로 말할 수 있는 내용이라는 의미입니다. 그 외의 조건에서는 하나님이 창세 전에 선택하시고 구원을 예정하셨다는 사실을 제대로 이야기할 수 없습니다.

성경의 역설적인 진리는 결코 모순이 아니다

그럼에도 많은 사람이 교회당 안팎에서 들어 본 경험만을 가지고 경솔한 태도로 선택과 예정을 이야기합니다. 특히 선택 문제를 운운하며 "하나님이 선택하셨다면 어차피 믿을 사람들은 믿고, 안 믿을 사람들은 안 믿을 테니 굳이 전도할 필요가 있습니까?" 하며 빈정대는 이들도 있습니다.

하지만 이는 성경을 균형 있게 알지 못하기 때문에 보이는 태도일 뿐입니다. 성경은 '하나님이 구원할 자를 예정하셨다'라는 내용과 '우리가 복음을 전해 영혼을 구원해야 한다'라는 내용 모두를 분명하게 말합니다. 이 내용은 모순처럼 들릴 수 있습니다. 그러나 자기 주관에 따라 둘 중 하나의 내용만 수용하고 다른 하나의 내용은 임의로 무시하는 태도는 성경의 가르침을 왜곡하는 결과를 낳습니다.

성경에는 역설적인 내용들이 많이 있습니다. 예를 들어, 성경은 하나님이 창세전에 이미 우리를 택하시고 구원을 예정하셨다고 하지만, 구원받기 위해 회개하고 예수 그리스도를 믿으라고도 말합니다. 그뿐 아니라 하나님이 우리를 구원하신다고 하면서, 동시에 우리에게 구원을 이루라고 말합니다. 또한 성경은 하나님이 우리를 거룩하게 하셨다면서 우리를 '거룩하게 된 자'(성도)라고 하는 동시에, 하나님이 거룩하신 것처럼 거룩하라고 명령하기도 합니다.

그 외에도 성경에는 '하나님의 주권'과 '우리의 책임' 등 서로 조화되기 어려워 보이는 가르침들이 많이 담겨 있습니다. 즉 성경은 하나님이 우리의 삶을 그분의 뜻을 따라 주권적으로 인도하신다고 가르치는 동시에, 하나님의 말씀을 순종하거나 불순종한 선택에 책임을 져야 한다고도 가르치는 것입니다.

우리는 이와 같은 성경의 역설적인 가르침에 혼란을 느낄 수 있습니다. 우리가 보기에 이 말씀들은 서로 모순되어 하나 될 수 없는 것 같습니다. 하지만 성경은 자주 모순되어 보이는 두 가지 내용 모두를 진리라고 말합니다.

그런데 양면의 진리들은 실은 모순이 아니라 역설입니다. 실제로 모순되는 내용은 성경에 없으며, 단지 역설이 있을 뿐입니다. 어떤 사람들은 '역설'과 '모순'을 거의 동의어처럼 쓰지만 근본적으로 다릅니다. 모순은 역설과 달리 논리 자체가 비합리적이고 이해할 수 없는 것입니다. 반면 역설적인 문제들은 우리의 입장에서는 이해하기 어렵고 겉보기에 서로 일치하지 않기에 난처하게 여겨질 수 있지만 실제로 그 내용이 거짓되거나 비합리적이지는 않습니다. 하나님 안에서 양쪽 모두 사실로서 존재합니다.

R. C. 스프로울은 모순은 하나님도 이해하시지 못한다고 말했습니다. 왜냐하면 모순의 실체는 허위이기 때문입니다. "모든 방패를 뚫는 창과 모든 창을 막는 방패가 동시에 존재할 수 있다"라는 주장처럼 비합리적인 논리가 바로 모순입니다. 이 논리는 진리이신 하나님의 성품과 어울리지 않습니다. 모순은 오히려 거짓말하는 자, 곧 거짓의 아비인 사탄이 사용하는 도구입니다.

성경의 신비, 인격적으로 수용 가능한 사실

성경에는 우리가 이해하기 어려운 여러 가지 신비가 있습니다. 예를 들어, 성부, 성자, 성령 하나님이 세 위격이시지만 본질에 있어서 하나이시라는 삼위일체의 진리는 헤아리기 어려운 신비입니다. 우리는 이러한 진리를 이해할 만한 경험 세계를 가지고 있지 못합니다. 그래서 한 분 하나님이 세 위격으로 존재하신다는 말이 모순처럼 들릴 수 있습니다.

또 창조주이신 하나님이 피조물인 인간의 몸을 입으셨다는 것, 참 하나님이 인간이 되심으로써 한 인격 안에 신성과 인성을 가지셨다는 것도 우리의 이해를 넘어섭니다. 하지만 성경은 분명한 진리로 말합니다.

우리가 이해하기 어렵다고 해서 그 진리가 비합리적인 것은 아닙니다. 단지 우리에게 아직 신비로 남아 있을 뿐입니다. 성경은 지금 우리가 거울로 보는 것같이 희미하게 보는 것들을 장차 얼굴과 얼굴을 대하여 보는 것처럼 온전히 알게 될 것이라고 말합니다(고전 13:12). 성경이 말하는 신비는 비합리적인 것이 아니며, 단지 지금 우리가 이해하기 어렵고 수용할 수 없는 상태에 있을 뿐입니다. 구원과 관련해서 우리가 완벽하게 이해하기 어려운 내용들 역시 마찬가지입니다.

그렇다고 성경에 기록된 내용, 곧 하나님의 말씀의 역설과 신비를 맹목적으로 수용하고 믿어서는 안 됩니다. 성경은 하나님이 우리에게 주신 이성과 감정과 의지라는 인격의 기능들을 무시하지 않습니다. 오히려 성령은 우리의 인격에 역사해 깨닫게 하시는 가운데 믿도록 하십니다. 역설적이거나 신비로운 성경의 진리는 하나님의 도우심 가운데 인격적으로 받아들일 수 있는 사실입니다.

하나님이 우리의 구원을 창세전에 택하시고 예정하심으로 계획하셨다는 내용은 "구원받기 위해 주 예수를 믿으라", "좁은 문으로 들어가라" 등의 명령과 모순되지 않는 엄연한 진리입니다. 하나님은 창세전에 우리의 구원을 계획하셨고, 그 계획하신 바에 따라 구원하실 때 우리에게 "주 예수를 믿으라"라고 말씀하시기 때문입니다. 구원은 그렇게 옵니다.

비록 우리가 다 헤아리지 못할 일이지만 하나님은 우리를 구원하기 위해 창세전에 택하시고 예정하셨습니다. 그리고 그에 따라 구원을 위한 믿음과 회개의 길로 나아오라고 부르십니다. 두 가지 모두 우리가 사실로 받아들여야 할 진리입니다.

창세전 택하심으로 우리 구원이 시작되었다

앞선 선배들은 '택하셨다'라는 말과 '예정하셨다'라는 말을 엄격하게 구분해 설명하기도 했지만, 두 가지 표현 모두 '하나님 아버지께서 창세전에 우리의 구원을 계획하셨다'라는 진리를 표현한 말입니다. 중요한 것은 두 가지 표현들이 가진 의미상의 차이가 아니라 이 중대한 하나님 아버지의 행동으로 인해 우리의 구원이 있게 되었다는 사실입니다. 우리의 구원은 하나님 아버지께서 창세전에 우리를 택하심으로부터 시작되었습니다. 그것이 우리 구원의 시작입니다.

어떤 사람들은 구원이 여기서부터 시작되었다고 하면 구원의 당사자인 우리가 없는 구원이 된다며 그 가르침을 불편하게 생각합니다. 또 우리와는 관련이 없고 오직 하나님과만 관련된 창세전 계획과 같은 내용은 우리가 알 바 아니라며 이 부분을 크게 주목하지 않는 경우도 있습니다.

하지만 우리가 어떻게 받아들이든지와 상관없이 하나님 아버지의 계획으로부터 우리의 구원이 시작되었다는 것이 성경의 분명한 가르침입니다. 바울은 그리스도인들이 누리는 신령한 복, 구원으로 허락되는 모든 복의 시작이 하나님 아버지로부터 말미암았다는 사실을 분명하게 말했습니다(엡 1:3).

오늘날 우리가 수많은 사람 가운데 구원을 얻은 것은 그저 우연히 일어난 일이 아닙니다. 우리의 구원에는 하나님이 창세전부터 우리의 구원을 계획하셨다는 경이로운 배경이 있습니다. 하나님이 영원 속에서 택하시고 예정하신 대로 성취된 결과입니다.

우리는 구원 문제에 있어서는 다른 무엇보다 하나님을 많이 생각해야 합니다. 많은 사람이 하나님을 가볍게 여기고 하나님의 위대하심이나 거룩하심에 대해서 진지하게 생각하지 않다 보니, 구원을 말하면서도 은혜를 깊이 누리지 못합니다. 하나님이 주신 은혜로 말미암은 모든 열매와 누림은 하나님을 아는 데서 비롯됩니다.

예를 들어, 신자의 겸손은 그저 자기 비하적인 생각과 말을 반복하고 열등의식을 갖는 것과는 다릅니다. 우리는 하나님의 위대하심과 거룩하심, 그리고 우리를 향한 집요한 사랑과 은혜의 열심과 신실하심을 깨달을 때 하나님 앞에서 참된 겸손을 갖게 됩니다. 그와 정반대로 배은망덕하고 변질하기 쉬운 우리의 상태가 인정되어 고개를 숙이는 것입니다.

하나님의 구원 계획에 대해서도 이와 같은 묵상과 신앙적이고 인격적인 반응이 있어야 합니다. 영원 속에서 하나님이 행하신 일로써 우리가 그리스도인이 된 것을 생각해 보십시오. 얼마나 경이롭고 놀라운 사실입니까?

물론 하나님의 구원 계획은 이 땅에 오신 예수 그리스도께서 우리의 죄를 대속하심으로 성취되고, 또 성령께서 우리에게 적용하심으로 완성됩니다. 하지만 우리는 우리가 경험하는 구원에 하나님 아버지께서 창세전에 구원을 계획하셨다는 경이로운 배후가 있다는 사실을 명확하게 알고 그 생생한 진리를 굳게 붙들어야 합니다. 우리는 그때야 비로소 우리의 구원이 얼마나 놀라운 것인지를 알게 됩니다.

하나님은 무한한 기쁨으로 우리를 구원하셨다

바울이 놀라운 구원 계획 속에 우리가 포함된 이유를 어떻게 설명하는지를 주목해 보십시오. 바울은 구원 계획이 하나님의 "기쁘신 뜻대로"(엡 1:5), "그의 기뻐하심을 따라"(엡 1:9) 된 일이라고 말했습니다. 성경은 우리에게 "항상 기뻐하라"(살전 5:16; 빌 4:4)라고 권하기에 앞서 이처럼 경이로운 사실을 이야기합니다. 하나님의 구원 계획 속에 내가 있는 이유는 하나님이 나를 택하고 예정하기를 기뻐하셨기 때문이라는 것입니다.

이러한 하나님의 기쁨은 우리의 기쁨에도 절대적인 영향을 미칩니다. 우리는 하나님의 기쁨으로부터 오는 기쁨에 의지해 성도로서의 삶을 살 수 있습니다.

때때로 그리스도인들 역시 관계 속에서 여러 가지 불편하고 이해하기 어려운 일들을 겪습니다. 그럴 때는 서로 사랑하도록 부르심을 받은 성도의 삶이 힘겹게 느껴지기까지 합니다. 그러나 그때 하나님이 우리를 얼마나 참아 주시고 받아 주셨는지를 생각하면, 우리 역시 주님을 좇아야 한다는 답을 찾게 됩니다. 우리를 향한 하나님의 기쁨으로 인해 다른 지체들을 다시 사랑하고, 기뻐하며, 섬길 힘을 얻는 것입니다.

물론 우리로 하여금 상대를 향해 호의를 베풀게 하는 우리 안의 기쁨은 온전하지 못합니다. 우리는 타락해 죄성을 갖게 된 존재로서, 늘 자기에게 있는 이기심과 자기중심성과 싸워야 합니다. 그럼에도 불구하고 누군가를 향한 기쁨은 우리가 그에게 호의를 베풀게 하는 최고의 동기로 작용합니다.

하물며 하나님은 흠이 없는 분이십니다. 어리석고 변덕스러운 우리와 달리 완전하신 하나님이 무한한 기쁨을 가지고 우리를 택하시고 예정하신 것입니다. 이것은 참으로 놀라운 일입니다. 그 하나님의 무한한 기쁨의 기저에는 사랑이 있습니다. 요한이 "하나님은 사랑이심이라"(요일 4:8)라고 말했던 것처럼, 성부, 성자, 성령 삼위 하나님은 무한한 사랑으로 서로 교통하시는 가운데 그 사랑에서 나온 기쁨을 가지고 우리를 구원하셨습니다.

이것이 우리가 하나님께 구원을 받은 가장 중요하고 근본적인 이유입니다. 하나님 아버지께서는 우리가 행한 것이든, 잘난 것이든, 우리 자신의 무엇이든 상관없이 우리를 기뻐하사 택하시고, 놀랍고 확고한 구원 계획을 가지신 것입니다.

바울은 우리의 이성으로는 다 헤아리지 못할 경이롭고 탄복할 만한 이 사실을 에베소서 본문을 통해 찬송 중에 고백했습니다.

거저 주신 구원의 은혜의 영광을 찬양하라

성부 하나님은 우리의 선택과 결정, 착한 성품, 세상에서 인정받는 모범적인 면 때문이 아니라 그 이전에 하나님의 기쁘신 뜻대로 우리 각각을 선택하셨습니다. 우리의 구원은 그야말로 거저 주신 하나님의 은혜입니다.

그렇다면 우리에게는 우리를 위해 구원 계획을 세우신 하나님으로 인한 탄복이 있습니까? 우리에게 거저 주신 은혜의 영광을 향한 찬송이 있습니까? 우리의 구원이 우리의 어떠한 것이 일체 있기 전에 성부 하나님의 행동으로 인한 것이라는 사실 때문에 은혜의 영광을 찬송합니까?

성부 하나님의 계획에 따라 구원 얻은 자로서 거저 주신 은혜의 영광을 주목하십시오. 하나님 아버지께서 우리의 구원을 위해 행하신 엄연한 사실을 항상 기억하십시오.

하나님이 우리를 위해 행하신 일을 잊어버리면 우리의 마음은 과거 이스라엘 백성처럼 교만해져 하나님이 아닌 다른 곳에서, 즉 다른 신이나 다른 조건에서, 최소한 자기 자신에게서 우리가 누리는 복의 기원을 찾게 됩니다. 하나님이 주신 신령한 복이 하나님으로부터 온 것임을 잊어버리면 미래에 닥치는 모든 일이 두렵게 여겨지기 때문입니다.

얼마나 배은망덕하고 무서운 죄입니까? "아 하나님의 은혜로 이 쓸데없는 자 왜 구속하여 주는지 난 알 수 없도다"(새찬송가 310장)라는 찬송 작가의 고백과는 얼마나 다른 마음입니까?

예수 그리스도를 믿는 우리는 우주 만물을 창조하시고 세상 역사를 주관하시는 하나님 아버지께서 창세전에 택하시고 예정해 구원하신 자들입니다.

우리의 구원은 하나님 아버지의 마음과 행위가 담긴 구원이요, 그분의 존재와 이름이 결부된 구원입니다. 우리의 구원은 우주 만물의 창조주께서 자신의 이름을 걸고 힘써 이루신 구원입니다. 하나님이 무한한 기쁨으로 우리를 택해 허락하신 구원입니다. 그러므로 우리의 구원은 하나님의 존재만큼 확실합니다.

예수 믿는 우리가 지금에 이른 것은 모두 하나님으로 말미암은 것이라는 사실을 잊지 마십시오. 그리고 그 사실로 인해 하나님의 구원의 은혜의 영광을 찬송하십시오. 예배당에서만 아니라 삶에서도 그 은혜를 찬송하십시오. 우리의 삶에 어려운 싸움이 있다고 할지라도 우리 구원의 근원이신 하나님으로 인해 장래에 구원이 완성될 것을 바라보십시오. 하나님이 계획을 따라 성취해 우리에게 갖게 하신 구원을 확신하며 신앙의 여정을 가십시오.

아직 예수 그리스도를 향한 믿음이 분명하지 않은 사람이라도 성부 하나님이 우리의 구원을 계획하셨다는 놀라운 사실을 비롯한 구원에 대한 모든 진리를 알고 믿음으로 나아가 하나님이 주시는 구원을 풍성히 누릴 수 있게 되기를 바랍니다.

4장

우리가 얻은 구원의 시작
_ 성 삼위 하나님의 언약

"곧 창세전에 그리스도 안에서 우리를 택하사 우리로 사랑 안에서 그 앞에 거룩하고 흠이 없게 하시려고"(엡 1:4).

"곧 영원부터 우리 주 그리스도 예수 안에서 예정하신 뜻대로 하신 것이라"(엡 3:11).

하나님은 창세전 구원 계획을 어떻게 이루어 가시는가?

우리의 구원은 성부, 성자, 성령 삼위 하나님에 의한 구원입니다. 앞서 이야기한 대로. 성부 하나님은 우리를 창세전에 택하시고 예정하신 구원 계획으로써 우리의 구원이 있게 하셨습니다. 이제 우리는 하나님이 창세전에 가지셨던 구원 계획을 어떻게 역사 가운데 드러내시고 이루어 가시는지를 주목해 보아야 합니다.

이에 관해 가장 먼저 언급해야 할 것은 하나님이 구원 계획을 언약으로 나타내며 이루신다는 사실입니다. 언약은 양쪽 당사자들이 언약의 내용을 지키겠다는 약속과 그 약속을 지키기 위한 요건들을 기본적으로 담고 있는데, 성경은 구원을 언약의 맥락에서 자주 말합니다.

특히 구약에서는 이스라엘 백성이 배은망덕하고 신실하지 못함에도 불구하고 하나님이 그들을 멸망과 고통 중에 내버려 두지 않고 구원하신 일들을 많이 말합니다. 이때 성경은 그들이 구원을 얻은 이유는 하나님이 그들의 조상과 맺으신 언약 때문이며, 그 언약에 따라 그들도 언약의 대상으로 대하시기 때문이라는 사실을 강조합니다(출 2:24-25, 6:8, 33:1; 레 26:42; 신 9:5; 왕하 13:23 등).

또한 신약에서 예수님은 잡히시던 날 밤 제자들에게 포도주를 주시면서 "이것은 죄 사함을 얻게 하려고 많은 사람을 위하여 흘리는바 나의 피 곧 언약의 피니라"(마 26:28)라고 말씀하셨습니다. 우리는 성찬의 자리에서 예수님이 하신 언약의 말씀을 들음으로써 우리가 언약에 따라 그리스도의 죽음 안에서 죄 사함을 얻고 구원을 얻는다는 사실을 상기합니다.

이렇게 성경은 하나님의 구원을 언약과 그 성취로 이야기하며, 그 모든 것보다 언약과 연결 지어 말합니다. 성경은 우리 편에서 갖게 되는 어떤 반응이나 경험에 국한시켜 구원을 말하지 않습니다.

성경이 구원을 언약과 관련시켜 말함으로써 우리에게 상기시켜 주는 가장 중요한 사실은 우리 구원의 시작에 성부, 성자, 성령 삼위 하나님 사이에 구원을 위한 논의와 동의가 있었다는 점입니다. 특별히 에베소서 1장 4절과 3장 11절에서 바울은 구원이 창세전에 '그리스도 안에서' 우리를 택하심으로써, 또 영원부터 우리 주 '그리스도 예수' 안에서 예정하신 뜻대로 이루어진 것이라고 말했습니다.

우리는 여기서 하나님이 '그리스도 안에서' 장차 있을 우리의 구원을 논의하시고 결정하신 부분에 대해 생각해 보아야 합니다. 많은 사람은 이것을 스가랴 6장 13절에 기록된 표현을 따라 '평화의 의논'이라고 부릅니다. 또는 성경에 나오는 모든 언약의 시작인 '구속 언약'이라고도 말합니다.

에베소서 1장 3-14절은 만물을 통일되게 하는 우주적인 구원에 포함된 우리 개인의 구원을 말합니다. 그런데 여기서 그 전체 내용이 한 요건에 묶여 있음을 발견하게 됩니다. 곧 구원의 모든 것이 '그리스도 안에서' 이루어진다는 것입니다.

하나님은 창세전에 '그리스도 안에서' 우리를 택하시고(4절), '그리스도 안에서' 하늘에 속한 모든 신령한 복을 우리에게 주시며(3절), '사랑하시는 자 안에서' 우리에게 은혜를 거저 주십니다(6절). 그래서 우리는 '그리스도 안에서' 그분의 은혜의 풍성함을 받습니다(7절). 하나님은 구원을 '그리스도 안에서' 예정하시고(9절), '그리스도 안에서' 만물이 통일되게 하시고(10절), 우리를 '그 안에서' 기업이 되게 하시고(11절), '그리스도 안에서' 영광의 찬송이 되게 하시고(12절), '그 안에서' 구원의 복음을 듣고 믿어 성령으로 인 치심을 받게(13절) 하십니다. 바울은 그야말로 우리의 구원에 관련된 모든 것이 '그리스도 안에서' 된 것이라고 말한 것입니다.

성경은 구원을 언약의 차원에서 증거한다

'그리스도 안에서'의 구원은 "창세전에"(엡 1:4) 또는 "영원부터"(엡 3:11) 시작된 것입니다. 다시 말해 창세전, 우주가 있기 전 하나님 사이에 '그리스도 안에서' 뜻을 정하신 일이 있었다는 것입니다. 그리고 이는 결국 삼위 하나님 사이에 있었던 논의와 언약을 생각하게 합니다. 하나님이 무엇보다 먼저 구원을 위한 언약을 세우시고 그 언약에 충실해 구원을 이루셨다는 것입니다.

　이와 같이 성경이 구원을 언약의 차원에서 증거하고 있다는 점은 구원을 바르게 이해하기 위해 알아야 할 매우 중요한 기초입니다. 이 기초를 떠나면 구속사의 큰 흐름만 아니라 개인의 삶에서 진행되는 구원의 모든 내용에 대해서도 원래적인 의미와 동떨어진 이해를 갖게 되기 쉽습니다. 구원 문제를 지나치게 주관적이고 자기중심적인 관점에서 생각하는 오늘날의 경향도 이 기초를 잃어버린 탓이 큽니다.

　지난 교회 역사 속에서 사람의 의지와 결정을 강조하며 구원의 비중을 인간 편에 둔 사람들은 모두 구원의 언약적인 성격을 배제하거나, 무시하거나, 경시했습니다. 최근에 인기를 끌고 있는 '네오알미니안'이라고 하는 열린 신학자들도 구원에서 인간의 선택과 결정을 강조하며 하나님의 언약을 사실상 배제합니다. 무엇보다 영원부터 언약을 세우시고 그것에 충실하신 하나님으로 말미암아 우리의 구원이 있게 되었다는 사실을 제외시킨 채 인간의 역할과 반응이 구원을 좌우한다고 주장합니다.

　이와 달리 성경은 구원의 근거로서 언약을 말하며, 심지어 언약의 시작을 말하기 위해 창세전으로 거슬러 올라갑니다. 비록 직접적으로 '언약'이라는 명칭이 사용되지는 않지만 창세전에 삼위 하나님 사이에 우리의 구원을 뜻하시고 정하신 언약이 세워졌음을 시사하며, 이를 전제로 우리의 구원에 대한 설명을 전개해 나갑니다. 즉 하나님 아버지께서 창세전에 우리를 택하시며 세우신 구원 계획이 그 계획에 기꺼이

자원해 자기를 낮추시고 죽기까지 순종하신 '그리스도 안에서' 언약적으로 세워졌다고 말합니다. 이후 역사 속에 나오는 모든 언약은 창세전 언약에 따라 있게 된 것들입니다.

앞선 선배들은 이것을 하나님 아버지와 장차 우리의 그리스도로서 이 땅에 오실 성자 하나님 사이에 맺어진 언약으로 이해했습니다. 그리고 '구속 언약'이라고 불렀습니다. 왜냐하면 그리스도께서 구속하심으로써 성취될 구원에 대한 언약이었기 때문입니다. 이 언약은 성부, 성자, 성령 삼위 하나님의 대표이신 성부와 이제 그리스도로서 육신을 입고 이 땅에 오시어 택하신 백성의 대표가 되실 성자 사이에 맺어진 구원을 위한 언약이었습니다.

구원받은 하나님의 백성은 구원을 위한 하나님의 놀라운 언약에 대해 생각해 보지 않을 수 없습니다. 성경은 분명히 우리의 구원이 "곧 영원부터 우리 주 그리스도 예수 안에서 예정하신 뜻대로 하신 것"(엡 3:11)이라고 가르치기 때문입니다. 우리의 구원은 처음부터 언약에 따라 있게 된 것입니다. 언약 없이 성부 하나님이 홀로, 일방적으로, 또는 임기응변에 따라 적당히 이루신 것이 아닙니다. 구원은 삼위 하나님의 대표이신 성부 하나님과 택하신 자들의 대표이신 성자 하나님 사이에 맺어진 구속 언약에 따른 것입니다.

이 언약에서 성자 하나님은 성부 하나님이 자신에게 주신 사람들(요 17:24), 곧 창세전에 택하신 사람들을 위한 의무를 맡아 수행하기로 하셨습니다. 또 성부 하나님은 성자 하나님이 우리의 구원을 위한 구속 사역을 이루시는 전 과정에 필요한 모든 것을 지원하기로 약속하셨습니다. "그리스도 안에서 우리를 택하셨다"라는 성경의 진술의 이면에는 이 내용이 포함되어 있습니다.

예수님이 이 땅에 계실 때 "내가 하늘에서 내려온 것은 내 뜻을 행하려 함이 아니요 나를 보내신 이의 뜻을 행하려 함이니라"(요 6:38)라고 말씀하시고, "내 아버지의 뜻은 아들을 보고 믿는 자마다 영생을 얻는 이것이니 마지막 날에 내가 이를 다시 살리리라"(요 6:40)라고 하신 말씀도 구속 언약 안에서 아버지의 뜻을 이루실 것에 대한 언급이었습니다. 예수님은 자신이 구속 언약을 따라 우리의 구원을 위한 하나님 아버지의 뜻(엡 3:11)을 수행하기 위해 이 땅에 오셨다는 사실을 친히 말씀하셨습니다.

성부와 성자 사이에 맺어진 구속 언약에 따라 성취된 구원

예수님은 하나님의 뜻을 따라 하나님이 자기에게 주신 자들의 대표로서 행하기 위해 이 땅에 오셨습니다. 바울은 예수님을 택하심을 받은 자들의 대표로 언급했습니다.

"한 사람[아담]이 순종하지 아니함으로 많은 사람이 죄인 된 것같이 한 사람[예수 그리스도]이 순종하심으로 많은 사람이 의인이 되리라"(롬 5:19).

"아담 안에서 모든 사람이 죽은 것같이 그리스도 안에서 모든 사람이 삶을 얻으리라"(고전 15:22).

바울이 이렇게 말할 수 있는 이유는 성자 하나님이 성부 하나님과의 언약에 따라 우리의 대표로 이 땅에 오셔서 우리의 죄에 대한 법적 요구에 대신 응해 우리가 져야 할 죄의 형벌을 다 담당하셨기 때문입니다. 그로써 우리의 구원을 이루신 것입니다.

한편 성부 하나님은 구속 언약에 따라 우리의 구주로 이 땅에 오신 성자 하나님의 구속 사역에 필요한 모든 것을 지원하십니다. 예수님이 스스로 하나님이심에도 불구하고 "나는 아버지의 뜻대로 하려 한다"라거나(요 5:30), "아버지께서 내게 주사 이루게 하시는 역사가 있다"라고 말씀하신 것이나(요 5:36), 바울이 "하나님이 그리스도를 죽은 자 가운데서 살리셨다"라거나(롬 6:4) "일으키셨다"라는 식으로(골 2:12) 표현한 것은 모두 구속 언약에 근거합니다.

하나님 아버지께서는 구속 언약에 따른 그리스도의 구속 사역을 위해 그리스도께서 죄로 더럽혀지지 않은 육체를 입게 하시고, 그분께 성령을 주어 메시아의 자격을 부여하시고 그것을 밝히 드러내셨습니다. 또 그분으로 하여금 사탄을 멸하게 하시고, 속죄를 이루고 죽으셨을 때 죽은 자 가운데서 일으키시고, 하늘로 올려 하나님 보좌 우편에 앉히셨습니다.

이 모든 것은 창세전에 성부 하나님과 성자 하나님 사이에 논의되고 언약으로 맺어진 바에 따라서 이루어진 것입니다. 바로 이 사실 때문에 성경은 '창세전에' 우리를 택하신 것과 '영원부터' 예정하신 것이 '그리스도 안에서' 된 일이라고 말합니다. 창세전에 세운 하나님의 구원 계획이 장차 이 땅에 육신을 입고 오실 성자 하나님에 의해 성취될 언약적인 계획이라는 것입니다.

구원은 전적으로 하나님에게서 온 것이다

우리의 구원은 하나님 아버지와 우리의 대표이신 성자 하나님이 맺으신 언약 속에서 있게 되었습니다. 그렇지 않다면 배은망덕하고 변덕스러운 우리의 구원은 불가능했을 것입니다.

하나님이 아브라함, 이삭, 야곱과 맺으신 언약을 성실히 지키심으로써 이스라엘 백성을 가나안으로 이끄셨던 것처럼, 우리의 어떠한 반응이나 변화에 앞서 하나님이 친히 언약을 맺으시고 성실하게 지키심으로써 우리를 구원하지 않으시면 우리의 구원은 결코 성취될 수 없습니다. 우리의 구원이 심히 은혜로울 뿐만 아니라 확실하고 견고한 이유는 언약에 따른 것이기 때문입니다. 마틴 로이드 존스(Martyn Lloyd-Jones)는 이에 관해 다음과 같이 말했습니다.

"신약성경에 의하면 기독교의 구원은 이 세상이 창조되기 이전에 계획되었습니다. 이것을 에베소서에서 사도 바울이 진술하고 있지 않습니까? 다른 서신서에서도 동일한 말씀들을 얼마든지 읽을 수 있습니다. 하나님은 이 세상을 만드시기 이전에 구원과 구속의 방법을 이미 짜 놓으셨습니다. 그러니까 저 영원한 때 하나님의 거대하고 신령한 경륜이 있었는데 성부, 성자, 성령이 모두 참여하셨던 것입니다.

하나님은 처음부터 끝까지를 다 보시는 분이십니다. 하나님은 자신이 만드시려는 이 세상과 그 속에 넣어 두시려는 인간과 또 그 인간에게 자유의지를 주시는 계획과 그 성취를 다 보셨습니다. 하나님은 인간이 죄를 짓고 타락할 것을 아셨습니다. 따라서 구속의 계획이 꼭 있어야 했습니다. 한마디로 시간이 시작되기 이전에 영원 속에서 하나님이 이 모든 구속을 계획하셨습니다.

당신과 나는 이 구속 계획에 전혀 관계할 것이 없는 사람들입니다. 우리들의 구속이 계획되었을 뿐만 아니라 우리가 태어나기 이전에 하나님에 의해서 추진되었습니다. 이 구원은 사실상 우리들이 존재하는 이 세상이 생기기도 전에 이미 완성되었습니다. 본인이 이보다 더 간단하고 분명하게 말씀드릴 수가 있겠습니까? 구원은 전적으로 하나님에게서 온 것입니다. 우리들은 이 구원의 출처에 대해서 아무것도 한 일이 없고 구원을 받는 데에서도 아무런 공로를 세운 것이 없습니다. 모두 하나님이 준비하시고 하나님이 우리에게 거저 주시는 것이 구원입니다."[5]

우리는 구원을 말할 때 이 점을 가장 먼저 인식해야 합니다. 비록 우리는 우리의 경험을 초월한 구원 역사에 대해 다 알지도, 이해하지도 못한 채 구원을 경험하지만, 우리가 얻은 구원은 이미 창세전에 하나님 아버지께서 계획하시고 우리를 대표하시는 성자 하나님과의 언약 속에서 있게 된 하나님으로부터 온 구원입니다. 바로 이 사실 때문에 우리는 신앙의 여정에서 구원에 대한 우리의 어떠한 공로나 잘남이나 수고를 말할 수 없습니다.

구속 언약은 은혜 언약으로 나타나고 성취된다

여기서 우리는 한 가지 질문을 갖게 됩니다. "우리가 있기도 전인 창세전에 하나님 사이에 맺어진 구속 언약이 어떻게 우리에게 효력을 갖게 되느냐?" 하는 것입니다. 결론부터 말하면, 창세전에 성부 하나님과 성자 하나님 사이에 맺어진 구속 언약은 역사 가운데 하나님과 택하신 백성 사이에 세워진 '은혜 언약'으로 나타나고 성취됩니다.

은혜 언약에서는 언약의 당사자가 하나님과 선택된 백성, 즉 선택된 죄인입니다. 신자는 구속 언약은 잘 모르더라도 구속 언약에 기초해 하나님과 우리 사이에 맺어진 은혜 언약은 알게 됩니다. 하나님이 우리와 같은 죄인을 불러 대속하심으로써 자기 백성으로 삼으시는 은혜 언약을 경험적으로 알게 되는 것입니다. 그리고 은혜 언약을 알게 될 때 우리의 구원이 하나님으로부터 온다는 것, 특히 그리스도 안에서 구원을 얻게 된다는 사실을 깨닫습니다.

이처럼 우리는 은혜 언약을 통해 구속 언약 안에서 계획된 모든 구원의 은혜를 경험합니다.

타락한 아담에게 '여인의 후손'을 말씀하시면서 맺으신 언약에서부터 노아와 맺으신 언약, 아브라함과 뒤이은 족장들과 맺으신 언약, 시내산에서 모세와 맺으신 언약, 이후 이스라엘 백성과 맺으신 언약, 또한 다윗의 언약 등 성경에 언급된 모든 언약이 은혜 언약에 속합니다. 왜냐하면 이 모든 언약은 하나님과 그분의 죄악된 백성 사이에 중보자로 계신 예수 그리스도로 인한 관계 회복 또는 구원을 내포한 언약들이기 때문입니다.

죄인들은 은혜 언약 안에서 하나님이 선택하신 죄인들에게 주시는 구원의 모든 복, 하늘에 속한 모든 신령한 복(엡 1:3)을 얻습니다. 하나님과 그분의 모든 은혜로운 선물을 믿음으로 받아들이는 것입니다. 하나님은 모든 복을 예수 그리스도 안에 두시고, 우리는 예수 그리스도를 믿음으로 그분 안에서 그 복을 받습니다. 하나님은 은혜 언약으로써 예수 그리스도를 믿는 믿음을 통한 구원을 우리에게 약속하시고, 우리는 믿음으로 그 약속을 받아들여 구원을 얻습니다.

어떤 사람들은 은혜 언약을 오해해 구약 백성을 배제시키려 합니다. 마치 구약 백성은 은혜 언약에 따라 구원을 받기보다 아브라함의 후손인 이스라엘 민족이라는 혈통으로, 또는 율법이나 구약의 제사 제도 등을 지킴으로써 구원을 얻는 것처럼 생각합니다.

그러나 성경은 "육신의 자녀가 하나님의 자녀가 아니요"(롬 9:8)라고 말합니다. 혈통이나 인간적인 조건이 구원을 얻게 할 수 없다는 뜻입니다. 또 율법도 구원 얻는 방편이 될 수 없습니다. 율법은 모세 때 주어졌지만 구원은 그 이전부터 주어졌습니다. 아브라함 같은 율법 이전의 사람들도 믿음으로 구원을 얻었습니다(롬 4:9). 율법은 구원의 수단으로 주어진 것이 아닙니다. 아울러 성경은 구약의 모든 제사 제도가 그림자라고 말합니다(히 10:1). 구약의 제사로는 구원이 불가능하다는 의미입니다. 오직 그것의 참 형상이신 예수 그리스도의 속죄 사역만이 인간의 죄를 완전히 없이하는 유일하고 영원한 제사가 됩니다.

구약 백성의 구원은 신약 백성과 같습니다. 양자 모두 예수 그리스도 안에서 구원을 얻습니다. 성경은 구약시대가 시작하기도 전인 창세 전에, 영원부터 시작된 '그리스도 안에서'의 구원을 말합니다.

어떤 사람은 이에 대해 "성자 하나님이 육신을 입고 이 땅에 오신 것은 구약시대 이후가 아닙니까?"라고 반문할지도 모릅니다. 하지만 구약의 모든 내용, 특히 레위기에 기록된 모든 제사와 의식은 제정될 때부터 이미 예수 그리스도와 관계된 것들이었습니다. 하나님은 구약시대부터 예수 그리스도를 지시하고 예표하는 것들 속에서 그분에 대한 믿음을 가진 자들을 구원하신다는 점을 드러내셨습니다.

구원하시는 하나님과의 언약 관계에 참여하는 자들 중 스스로 자격을 가진 자는 아무도 없습니다. 우상을 섬기던 가정에서 하나님의 부르심을 받은 아브라함이 대표적인 예입니다. 또 하나님은 아브라함의 자녀인 이스마엘과 이삭 중 더 어린 이삭을, 이삭의 자녀인 에서와 야곱 중 동생인 야곱을 언약의 자녀로 삼으셨습니다. 구약에서부터 구원은 인간의 어떤 조건이 아니라 하나님이 창세전에 그리스도 안에서 택하신 것, 곧 창세전에 맺어진 구속 언약에 기초한 은혜 언약에 의해 주어진 것입니다.

구약시대부터 구원은 메시아로 오실 예수 그리스도 안에서 그분을 믿음으로 얻었습니다. 특히 구약 백성은 희생 제사를 통해 자신들의 죄를 대속하시는 그리스도를 믿음으로 바라보아야 했습니다. 그리고 구약시대부터 여러 번, 여러 모양으로 증거되어 온 은혜 언약은 마침내 이 땅에 직접 육신을 입고 오신 하나님의 아들 예수 그리스도께서 자신의 피로 세우신 새 언약으로 확증되었습니다. 예수님이 우리를 대표해 대신 죄를 지심으로써 구약시대부터 증거되어 온 은혜 언약을 성취하신 것입니다.

죄악된 인간은 십자가에 달려 죽으신 예수 그리스도의 피로써 확증된 은혜 언약 안에서만 하나님과 화해하고 관계를 회복함으로 구원을 얻을 수 있습니다. 구약의 언약 백성은 '오실 메시아'에 대한 믿음으로, 신약의 언약 백성은 '오신 메시아'에 대한 믿음으로 구원을 얻는 것입니다. 바로 이것이 은혜 언약입니다.

우리가 얻은 구원의 근거-그리스도 안에서

하나님을 대적했던 우리는 예수 그리스도 안에서 더 이상 죄인으로서가 아니라 의롭게 된 존재로서 하나님께 용납되고 그분과 교제하는 존재가 됩니다. 자신이 획득한 의를 우리의 것으로 삼아 주시는 예수 그리스도 안에서 전혀 막힘없이, 심지어 담대히 나아가서 거룩하신 하나님을 대면할 수 있게 된 것입니다.

많은 사람이 교회를 다니면서도 이와 같은 사실에 무지하고 무관심합니다. 하나님을 "아빠 아버지"라고 부르고 예배할 수 있는 모든 특권이 어디로부터 기인한 것인지를 생각하지 않습니다. 그래서 율법주의적이거나, 반대로 방종하거나 경솔한 신앙 태도를 보이기도 합니다. 그들은 성경이 가르치는 구원에 대한 진리를 실제적으로 깨닫지 못하고, 하나님에 대한 이해도 바르게 갖지 못함으로써 치우친 모습을 드러내는 것입니다.

우리는 스스로 하나님께 나아갈 수 없었던 자들로서, 하나님을 만나고 싶다고 해서 만날 수 없으며, 하나님이 당연히 받아 주시고 교통하실 이유가 없는 존재였습니다. 그런 우리가 얻은 구원의 모든 복과 결과는 다만 예수 그리스도 안에서 온전히 성취된 은혜 언약에 참여함으로써만 허락됩니다. 죄인 된 우리가 영원하시고, 무한 불변하시고, 거룩하신 하나님을 "아빠 아버지"라고 부르는 일은 예수 그리스도 안에서만 가능합니다.

우리는 이 사실을 깊이 생각하며 신앙의 견고한 기초로 삼아야 합니다. 예수 믿는 신자라도 자신의 약함과 죄를 볼 때 하나님과의 거리감을 느끼게 되고, 심지어 '다시 하나님을 뵐 수 있을까?' 하는 생각까지 듭니다. 하지만 우리는 예수 그리스도 안에서 하나님과 은혜 언약의 관계로 묶인 존재들입니다. 따라서 하나님이 우리를 보실 때 예수 그리스도 안에서 보신다는 점을 기억해야 합니다. 바로 그 사실 때문에 우리가 하나님께 나아갈 수 있으며, 여러 부족함이 있는 중에도 여전히 하나님을 "아빠 아버지"라고 부를 수 있는 것입니다. 이것이 바울이 '구원은 은혜로 얻는다'라는 사실을 강조한 이유입니다(엡 2:8-9; 롬 3:24).

하나님은 은혜 언약을 따라 우리를 끝까지 사랑하신다

우리가 구원을 말할 때 '오직 은혜'를 강조하는 이유는 우리가 무엇을 하기도 전에 하나님이 구속 언약과 그에 기초한 은혜 언약 안에서 우리를 구원하시고 받아 주셨기 때문입니다. 예수 그리스도 안에서 성취된 이 언약은 하나님의 아들의 피로 맺어진 것이므로 깨질 수 없으며, 효력이 영원합니다. 하나님은 이 언약 안에서 자기 백성을 대하시며, 약속하신 바를 온전히 성실하게 지키시는 분으로 계십니다. 그래서 구약에서부터 언약을 말할 때마다 '헤세드', 즉 끝까지 신실한 사랑, 불변하는 사랑이 강조되는 것입니다.

바울은 에베소서에서 구약의 '헤세드'에 해당하는 표현을 많이 사용했습니다. 즉 언약적인 사랑을 표현하면서 "사랑 안에서"(엡 1:4), "그의 은혜의 풍성함"(엡 1:7), "그의 기뻐하심"(엡 1:9)이라고 말했습니다. 그리고 2장 4절에서는 "긍휼이 풍성하신", "우리를 사랑하신 그 큰 사랑"

이라고 말했습니다. 바울은 이로써 우리의 구원이 하나님의 '헤세드'에 따른 은혜 언약 안에서 허락된다는 사실을 강조했습니다.

로마서 8장에서 그 어떤 것도 우리를 우리 주 그리스도 예수 안에 있는 하나님의 사랑에서 끊을 수 없다고 말한 것도 그런 맥락에서였습니다(롬 8:38-39).

이처럼 우리의 구원은 우리 주 예수 그리스도 안에 있는 사랑, 예수 그리스도의 피로 확인된 하나님의 언약적인 사랑에 기초해 그 사랑의 언약에 충실하신 하나님에 의해 시작되고 성취될 구원입니다.

우리 자신의 무엇으로는 구원을 보장할 수 없습니다. 우리는 당장 다음 날 아침에 일어났을 때 감정의 변화조차 장담하지 못하는 자들입니다. 어떤 상황과 사건 앞에서 하나님의 사랑을 금방 잊고, 마치 하나님이 계시지 않는 듯 감정이 요동치는 경험을 하기도 합니다. 우리는 과거 이스라엘 백성처럼 신실하지 못함과 변덕스러움을 가진 자들입니다. 우리 중 가장 진실한 사람이라고 할지라도 하나님 앞에 서면 스스로 진실하지 못하다고 고백할 수밖에 없습니다.

그러한 우리 자신 안에서는 우리의 구원이 확실한 근거를 찾을 수 없습니다. 우리 구원의 확실함은 오직 은혜 언약을 따라 우리를 끝까지 붙드시는 하나님의 신실하심에 근거해서만 말할 수 있습니다.

만일 은혜를 당연하게 생각하거나 현실감 없는 이야기처럼 흘려듣는다면, 그것은 성경이 말하는 하나님과 구원을 제대로 알지 못하는 것이요, 믿지 못하는 것입니다. 율법주의적인 구원, 자기주도적인 구원, 자신의 신앙 행위와 수고 등에 의한 구원을 추구할지언정 성경이 말하는 구원에서는 먼 것입니다. 잘못된 구원관을 가지고 있는 자에게는 은혜의 이야기보다 오히려 우리의 무엇에 대한 이야기가 더 현실감 있게 다가옵니다.

그러나 성경이 말하는 구원을 바르게 알고 소유한 사람은 그럴 수 없습니다. 성경이 강조하는 구원은 나의 행동에 앞서 하나님의 은혜로 된 것입니다.

우리 구원의 기저에는 창세전에 그리스도 안에서 우리를 택하신 형용할 수 없는 하나님의 사랑, 풍성한 긍휼, 다함이 없는 은혜가 있습니다. 참된 믿음은 그러한 은혜를 현실감 있게 알고, 반응하며, 그 은혜로 인해 하나님께 영광을 돌리며 감사와 감격을 드러냅니다. 말로만 아니라 하나님과의 관계 속에서 전인격적으로 은혜에 감사하며 살아갑니다.

우리는 우리의 구원이 하나님의 계획, 즉 삼위 하나님 사이에서 맺어진 언약에 따른 구원이요, 특히 하나님의 아들 예수 그리스도의 피로써 영원한 효력을 지니게 된 은혜 언약에 따른 구원임을 반드시 기억해야 합니다. 그리고 언약적인 구원의 배후에는 하나님의 불변하는 사랑, 끝까지 신실한 사랑이 있습니다.

하나님이 우리의 구원을 창세전에 계획하시고 이루셨다는 은혜의 진리는 어떻게 받아들여야 할지 당황스러울 정도로 놀라운 일이지만, 우리 구원의 언약적인 측면은 엄연한 사실입니다. 우리의 구원은 창세전 계획과 언약에 따라 역사 가운데 오신 예수 그리스도 안에서 이루어진 것입니다.

우리 구원의 견고한 기초를 바라보라

예수 그리스도를 믿는 신자는 자신의 선택과 노력과 믿음 등으로 구원에 이르는 것이 아닙니다. 그 구원에는 어마어마한 배경이 있습니다. 언약에 따른 구원은 참으로 놀랍고 경이롭습니다. 우리의 구원은 창세전부터 시작된 하나님의 크신 은혜로 인한 것입니다. 이 세상에서 잠깐 누리다가 지나가는 일시적인 기쁨과 바꿀 수 없습니다. 마틴 로이드 존스는 놀라운 구원의 비밀을 성도들에게 말한 뒤 다음과 같이 권했습니다.

"만약 당신이 그리스도인이라면 자신의 경험을 살펴보십시오. 왜 당신은 교인이 됐습니까? 당신이 어떤 특별한 공적을 세웠기 때문입니까? 당신이 교인이 된 것이 당신의 어떤 행위나 공로에 의한 소득이라고 정직하게 말할 수 있겠습니까? 그럴 수 없습니다. 우리 모두가 마땅히 고백해야 하는 것은 그것이 오직 하나님의 은혜에 의한 것이라는 사실입니다. 만약 하나님의 은혜가 아니었다면 우리들은 이 세상의 온갖 더러움과 불경 속에서 우리의 나날을 보내게 되었을 것입니다. 이 모든 것이 다 하나님으로부터 오는 은혜라면 그것을 당신이 그대로 받아들여야 한다고 생각하지 않습니까?

처음부터 이해하려고 하지 마십시오. 당신은 계속 나아갈 때 이해하게 될 것입니다. 사실상 당신은 점점 더 이해하고 더욱더 놀라게 될 것입니다. 당신의 철저한 무력성과 궁핍성을 인정하십시오. 구걸을 해야 하는 당신의 영적 빈곤을 인정하십시오. 구원의 복음을 심사하고 따지려는 시도를 멈추고 그것을 그대로 받아들이십시오.

다시 강조해서 거듭 말씀드립니다. 우리들은 하나님 자신의 아들 편에 서서 그분과 함께 하나님을 찬양하고 감사해야 합니다. 그리스도께서 그렇게 하셨습니다. 인간 예수님은 자신이 참여했었던 영원한 구원의 경륜을 뒤돌아보시면서 그 경이로움을 지상에서 찬양하셨습니다. '옳소이다. 이렇게 된 것이 아버지의 뜻이니이다.' 하나님이 우리에게 요청하고 요구하시는 것은 이 놀라운 구원을 바라보고 하나님을 찬양하라는 것입니다. 하나님은 자신의 독생자를 아끼지 아니하시고 이 세상으로 보내셨습니다. 그리고 그 아들을 십자가 위에서 죽기까지 하시고 용서의 길을 여셨습니다.

하나님이 우리들에게 깨달으라고 하시는 것은 하나님과의 화해의 길이 열렸으며 용서가 제공되었다는 사실입니다. 그것은 새 생명이며 새 출발입니다. 그것은 전혀 새로운 전말이며 죽음과 무덤을 초월하는 형언할 수 없이 영광스러운 것입니다. 이 놀라운 구원은 우리에게 거저 주신 선물입니다. 하나님이 우리에게 요구하시는 것은 사람들에게 다음과 같이 담대히 말할 수 있어야 한다는 것입니다. '옳소이다. 이렇게 된

것이 하나님의 뜻이니이다.'

이것은 당신이 뜻하신 은혜로운 목적에 따라 된 일입니다. 이것은 하나님의 사랑과 자비와 동정이 깔린 하나님의 영원하신 뜻과 지혜에 의해 된 일입니다. 이 놀라운 구원은 첫 번째 크리스마스의 결과입니다. 예수께서 이 세상에 오셨으므로 구원의 모든 은혜와 복이 뒤따르게 되었습니다.

당신은 하나님께 '네, 그렇습니다'라고 말한 적이 있습니까? 당신은 이 놀라운 구원을 되새겨 보며 하나님을 향해 이렇게 외친 적이 있습니까? 하나님 아버지, 당신의 구원이 완전하다는 것을 알겠습니다. 저는 이보다 더 나은 것을 상상할 수 없습니다. 저는 당신의 복음을 그대로 받아들입니다. 라고 말입니다."[6]

이처럼 우리의 구원은 참으로 완전하고 경이로운 것입니다. 그러므로 우리의 구원을 생각할 때 시선을 자기 자신으로 향하기 전에 구원을 계획하시고 실행하신 하나님을 먼저 보십시오. 하나님이 우리의 구원을 그리스도 안에서 이루셨음을 믿고 그리스도와 그분의 십자가를 바라보십시오.

우리 구원의 견고함은 영원 전부터 신실하신 우리 하나님으로 말미암았습니다. 우리의 마음이나 행실이 견고하기 때문이 아님을 기억하십시오. 하나님이 세우신 구원의 계획이 견고하고, 그에 따라 하나님의 아들이신 독생자께서 십자가에서 죽으신 사건이 견고하기 때문에 우리의 구원이 견고한 것입니다. 우리 때문이 아닙니다.

 우리 모두가 굳건한 구원의 기초 위에서 하나님께 감사하고, 하나님의 백성 된 것을 기뻐하며 허락된 삶을 살 수 있기를 바랍니다. 하나님과 함께하는 성도가 된 것이 얼마나 영광스럽고 복된지를 기억하며 살기를 바랍니다.

제2부

그리스도의 구원

5장

그리스도 안에서의 성취
_ 누구도 흔들 수 없는 확실한 구원

"찬송하리로다 하나님 곧 우리 주 예수 그리스도의 아버지께서 그리스도 안에서 하늘에 속한 모든 신령한 복을 우리에게 주시되 곧 창세전에 그리스도 안에서 우리를 택하사 우리로 사랑 안에서 그 앞에 거룩하고 흠이 없게 하시려고 그 기쁘신 뜻대로 우리를 예정하사 예수 그리스도로 말미암아 자기의 아들들이 되게 하셨으니 이는 그가 사랑하시는 자 안에서 우리에게 거저 주시는바 그의 은혜의 영광을 찬송하게 하려는 것이라 우리는 그리스도 안에서 그의 은혜의 풍성함을 따라 그의 피로 말미암아 속량 곧 죄 사함을 받았느니라"(엡 1:3-7).

큰 구원 역사 안에 있는 우리의 구원과 그 성취

우리의 구원은 경험 차원에만 국한시켜 생각할 문제가 아니라 창세 전부터 행하신 하나님의 크신 역사 안에서 이루어진 것입니다. 이 장에서는 하나님 아버지의 창세전 계획이 실제로 역사 안에서 어떻게 우리를 위한 구원으로 실현되는가를 조금 더 자세히 살피도록 하겠습니다.

에베소서 1장은 하나님 아버지께서 "창세전에 그리스도 안에서 우리를 택하사"(4절), "그 기쁘신 뜻대로 우리를 예정하사 예수 그리스도로 말미암아 자기의 아들들이 되게 하셨으니"(5절)라고 기록하고 있습니다. 구원은 아버지께서 사랑하시는 자 안에서 우리에게 거저 주시는 은혜이며(6절), 하나님의 아들이 그리스도로 오셔서 자기 피로 우리의 죄를 속량해 이루신 것입니다(7절).

구원이 성취되리라는 것은 인간이 타락했을 때부터 성경에 예언된 사실입니다. 창세기 3장 15절은 여인의 후손으로 나실 그리스도를 예언했습니다. 그로부터 시작해 많은 모형과 상징, 선지자들의 직접적인 진술로 계속해서 예언되었습니다. 성경은 이미 구약에서부터 그리스도를 통한 구원을 증거했습니다. 구약과 신약은 공히 복음을 말합니다.

예수님도 부활 후 "내가 너희와 함께 있을 때에 너희에게 말한바 곧 모세의 율법과 선지자의 글과 시편에 나를 가리켜 기록된 모든 것이 이루어져야 하리라 한 말이 이것이라"(눅 24:44)라고 말씀하시며 제자들의 마음을 열어 성경을 깨닫게 하셨습니다. 이때 주님이 언급하신 '모세의 율법과 선지자의 글과 시편'은 당시 구약 전체를 가리킵니다. 즉 구약 전체가 그리스도께서 그분의 피로 우리의 죄를 속량하실 것을 줄곧 증거했고, 주님이 예언대로 구속의 성취를 위한 일을 행하신 것입니다.

'그리스도 안에서' 구원을 이루시는 하나님의 놀라운 복음은 성경 전체에 계속 펼쳐졌습니다. 이에 근거해 바울은 로마서 1장에서 복음을 '하나님이 선지자들을 통하여 그의 아들에 관하여 성경에 미리 약속하신 것'으로, 그 약속을 따라 '다윗의 혈통에서 나셨고 부활하사 능력으로 하나님의 아들로 선포되신 분에 관한 것'으로 말했습니다(롬 1:2-4). 하나님이 미리 약속하신 대로 하나님의 아들이 육신을 입고 오셔서 우리의 구원을 위한 일을 행하신 것이 바로 복음이라고 말한 것입니다.

요한은 복음의 더 근원적인 부분에 주목해 하나님의 아들을 '태초에 계신 말씀'으로 표현하며 그분(말씀)이 하나님과 함께 계셨고, 또 하나님이시라고 말했습니다(요 1:1). 그리고 바로 그 하나님이 육신을 입으신 일을 가리켜 "말씀이 육신이 되어 우리 가운데 거하시매 우리가 그의 영광을 보니 아버지의 독생자의 영광이요 은혜와 진리가 충만하더라"(요 1:14)라고 말했습니다. 창세전에 맺어진 구속 언약의 당사자이신 하나님의 독생자께서 마침내 육신이 되어 이 땅에 오셨다고 말한 것입니다. 요한은 하나님의 아들이 그로써 우리의 구원을 이루셨다는 소식을 복음으로 전했습니다.

태초부터 계신 지존하시고 무한 광대하신 하나님의 아들이 우리의 구원을 위한 창세전 계획, 곧 구속 언약을 이루기 위해 그 계획을 따라 처녀의 몸을 통해 육신을 입고 메시아로 오셨습니다. 그리고 이미 예언된 말씀대로 자기 백성의 죄를 지고 십자가에 달려 죽으셨습니다. 그분의 피로 우리의 죄를 속량하신 것입니다. 죽으신 주님은 또한 우리를 위해 죽은 자 가운데서 다시 살아나셨습니다.

그리스도께서 이 땅에 오신 것, 죽으신 것, 다시 살아나신 것은 로마가 유대 땅을 지배하던 당시 역사 속에서 일어난 사건들입니다. 하지만 이 일은 에베소서 1장 말씀처럼, 그리스도 안에서 우리를 구원하시고자 한 창세전 하나님의 계획을 따라 있게 된 사건들입니다. 창세전 계획이 마침내 하나님의 아들이 육신을 입으시고 십자가에 달려 죽으심으로써 성취된 것입니다. 주님은 이사야 53장에 기록된 '고난받는 종'에 대한 예언을 따라, 빌립보서 2장 말씀처럼 죽기까지 자신을 내어주는 순종을 통해 역사 속에서 그 계획을 성취하셨습니다(빌 2:6-8).

그리스도께서 성취하신 3가지 구속의 사역

구속의 성취는 그리스도 안에서 이미 택하신 자들의 구원을 위한 일이었습니다. 그리스도께서는 자신의 피로써 자기 백성의 죄와 죄가 요구하는 모든 것으로부터 우리를 속량하셨습니다(엡 1:7). 더 구체적으로 말하면, 그리스도께서는 자기의 피로써 죄와 관련된 3가지로부터 우리를 구원하시고 자유롭게 하셨습니다.

첫째, 그리스도께서는 죄책으로부터 우리를 구속하셨습니다. 모든 인간은 아담의 원죄와 자신이 지은 죄로 말미암아 죄책을 가지고 태어납니다. 우리 스스로는 죄책을 제거할 수 없으며, 오직 그리스도께서 그분의 피로 우리를 구속하실 수 있습니다. 그러므로 오직 그리스도를 믿는 자들만이 그분의 희생으로 인해 죄책으로부터 자유로움을 얻습니다. 신자는 바로 이 사실에 근거해 죄책으로 인한 낙심과 사탄의 정죄를 단호히 물리치고 담대히 거룩한 길로 나아가야 합니다.

둘째, 그리스도께서는 죄의 권세로부터 우리를 자유롭게 하셨습니다. 죄는 죄 있는 자를 얽어매고 속박하는 힘과 권세를 가지고 있습니다. 죄는 우리가 사는 세상의 환경과 정신세계, 영적, 물질적 세계 속에서 가장 강력한 것입니다. 죄에 뒤따르는 결과는 무섭고 막강합니다. 아무리 머리가 똑똑하고 타고난 조건이 좋은 사람이라도 죄의 권세 아래서는 종이 되어 끌려다닙니다. 죄는 권세를 가지고 우리를 충동해 더욱 죄를 범하도록 합니다. 모든 인간은 어린아이 때부터 죄 아래 있어서 죄를 거절하지 못하고, 죄인 줄도 모르고 따라갑니다. 우리 스스로는 노예 상태에서 벗어날 수 없습니다.

그리스도께서는 바로 그러한 죄의 권세로부터 우리를 구원하시기 위해 자신의 피로써 우리의 죄를 속량하셨습니다. 그러므로 죄를 속량하신 예수 그리스도를 믿는 자는 더 이상 죄의 속박 아래 있거나 죄의 사슬에 매이지 않습니다. 예수 믿는 신자는 은혜의 지배를 받습니다.

셋째, 그리스도께서는 우리를 죄로 말미암은 저주로부터 자유롭게 하셨습니다. 죄를 범한 자는 반드시 사망과 공의로운 하나님의 심판, 죄에 상응하는 영원한 형벌을 받게 됩니다. 하지만 그리스도께서는 죄가 요구하는 저주를 친히 담당하심으로써 그것들로부터 우리를 구원하셨습니다. 그리스도께서는 죄로 말미암은 모든 저주로부터 우리를 자유롭게 하시는, 우리가 다 측량 못할 엄청난 일을 행하셨습니다.

죄와 관련된 이상의 3가지로부터 구속되어 자유롭게 되는 것이 참된 구원입니다. 그리스도의 사역에 근거한 구원은 정신 수양이나 다른 시도들을 통해 자유롭게 될 수 있다고 가르치는 이방 종교들의 구원과는 근본적으로 다릅니다. 그들의 주장은 인간이 만들어 낸 사상일 뿐이며, 자기 스스로를 속이는 방법입니다.

우리에게는 부인할 수 없이 분명한 죄와 죄로 인한 죄책이 있습니다. 또 죄의 삯으로서의 죽음과 죽음 이후에 있는 죄에 대한 진노의 형벌이 있습니다. 사람이 한 번 죽는 것은 정해진 것이지만 그 후에는 심판이 있습니다(히 9:27). 그리스도의 속량은 주님이 자기 피로 죄책과 죄의 권세, 죄로 말미암은 저주로부터 우리를 구원하신 것을 말합니다.

구원은 '나' 밖으로부터의 구속 사건에 기초한다

죄책과 죄의 권세, 죄로 말미암은 저주 등 3가지로부터의 구원은 대충 있게 된 것이 아닙니다. 그리스도께서 우리의 죄에 상응하는 대가를 치르심으로써 있게 된 것입니다. 우리 대신 죄가 요구하는 피의 대가를 지불할 수 있는 완전한 조건을 가지신 죄 없는 하나님의 아들 예수 그리스도께서 우리의 죄에 대한 속전을 지불하셨기 때문입니다.

예수 그리스도께서 자신의 피로써 우리를 죄로부터 속량하신 것은 역사적이고 객관적인 사실입니다. 예수 그리스도를 믿는 자는 객관적인 사실에 근거해 죄책과 죄의 권세와 죄로 말미암은 저주로부터 완전히 구속되어 자유롭게 됩니다. 물론 구속받은 자도 인식과 정서상 동요를 경험할 수는 있습니다. 하지만 우리의 마음이 흔들린다고 해서 그리스도께서 구속하신 사실이 달라지는 것은 아닙니다. 우리가 주목할 사실은 우리의 구원이 우리가 행한 어떠한 일이나 마음에서 일어난 어떠한 것 때문이 아니라 '나' 밖에서, 그것도 2,000년 전에 그리스도께서 행하신 일로 말미암은 결과라는 점입니다.

우리의 구원은 우리 안에서 일어난 변화에 앞서, 하나님의 계획에 따라 우리 밖에서 일어난 일, 곧 그리스도께서 그분의 피로 우리의 죄를 구속하신 것을 먼저 말합니다. 이것이 기독교의 구원입니다. 기독교는 2,000년 전 역사 속에 하나님의 아들이 오셔서 자신의 피로 성취하신 구원 사건을 말합니다. 예수 그리스도를 믿어 구원을 얻는 일이 오늘날 우리에게 있지만 그 기초는 2,000년 전 역사적인 사건에 있습니다.

이처럼 우리의 구원은 '나' 밖에서 일어난 객관적인 사건에 기초해 있습니다. 기독교는 자신의 경험이나 마음에 몰두하는 이방 종교와 같은 구원을 말하지 않습니다. 우리의 구원은 하나님의 아들 예수 그리스도께서 성부 하나님의 계획을 따라 십자가에 달려 우리의 죄를 속량하시고 부활하신 객관적인 사실에 근거해 있습니다.

우리가 이러한 구원의 기초를 명확하게 하지 않으면 결국 우리 자신의 주관적인 체험이나 행위에 의존하게 됩니다. 실제로 지난 기독교 역사에는 이 기초를 가볍게 여기거나 무시함으로써 구원을 개인의 회개나 여타의 행위, 종교적 체험의 차원에서 이해하고 치우친 주장을 하는 일이 있었고, 지금도 비슷한 주장과 그에 따른 현상이 교회 안에 반복되어 나타나고 있습니다. 그러나 성경은 우리의 구원이 '나' 밖에서 일어난 역사적이고 객관적인 구속 사건에 기초해 있다고 가르칩니다. 우리는 먼저 이 진리를 굳게 붙들어야 합니다.

'그리스도 안에서', 매우 복되고 영광스러운 진리

성경은 우리의 구원이 처음부터 '그리스도 안에' 있다는 사실을 명확하게 말합니다. 창세전에 자기 백성을 택해 세우신 하나님의 구원 계획도 '그리스도 안에' 있습니다. 그리고 실제로 그 계획을 따라 우리가 구원을 얻는 것도 역사 안에 오셔서 자기 피로 우리의 죄를 속량하신 '그리스도 안에' 있는 일입니다. 물론 우리는 우리의 신앙이 이러한 사실에 대한 이론으로 축소되지 않도록 경계해야 합니다. 그러나 구원의 객관적인 실체를 무시하고 주관적인 차원에서만 보는 것 역시 굉장히 위험한 일이요, 성경을 무시하는 것입니다.

여기서 우리는 "2,000년 전의 구속 사건이 어떻게 시공간을 넘어 지금 나의 구원이 될 수 있는가?"라는 의문을 품을 수 있습니다. 성경은 이에 대해 구원 얻는 우리와 우리의 죄를 속량하신 그리스도와의 연합을 이야기합니다. 즉 다시 한 번 '그리스도 안에서'가 답이 되는 것입니다. 이것은 매우 복되고, 비밀스럽고, 영광스러운 진리입니다.

많은 사람이 성경에서 '그리스도 안에서', '그리스도와 함께'라는 표현을 대충 읽습니다. 하지만 이 말은 구원하시는 구주 예수 그리스도와 구원 얻는 우리의 관계를 설명해 주는 아주 중요한 표현입니다. 성경은 우리의 구원을 시작부터 끝까지 '그리스도 안에서'로 설명합니다. 우리의 구원은 2,000년 전 역사 속에서 죄를 대속하신 그리스도 없이는 말할 수도 없고, 가능하지도 않습니다. 우리의 구원은 철저히 '그리스도 안에' 있는 것입니다. 성경은 하나님이 구원받는 우리가 존재하지도 않았던, 그리고 아직 그리스도께서 성육신하시거나 십자가에 달려 죽으시지도 않았던 창세전에 '그리스도 안에서' 우리를 택하셨다고 말합니다.

성경은 창세전의 택하심과 2,000년 전 그리스도께서 피 흘려 구속하신 일, 그리고 지금 우리가 얻은 구원이 '그리스도 안에서'로 연결되어 있다는 점을 명백하게 말합니다. 이미 창세전에 성부 하나님과 성자 하나님 사이에 맺은 구속 언약 때부터 그리스도께서는 구원받은 자들의 대표가 되셨습니다. 하나님은 자기 백성의 대표가 되신 '그리스도 안에서' 우리를 택하신 것입니다. 택하신 백성을 그리스도 안에 두시어 그분 안에서 시공간의 차이를 넘어 우리를 묶으신 것입니다.

그리스도께서는 이러한 배경 아래 2,000년 전에 피를 흘려 죄인들을 구속하셨습니다. 그리고 바로 그것이 '그리스도 안에' 있는 지금 우리의 구원이 되었습니다.

우리는 우리의 대표이신 그리스도와의 연합 속에서 구원을 얻습니다. 에베소서 1장 3-14절에서 우리의 구원을 계속해서 '그리스도 안에서'로 표현한 것은 그러한 관계를 전제한 것입니다. 우리의 구원은 이 땅에 육신을 입고 오신 하나님의 아들이 우리의 대표가 되시기 때문에 가능합니다. 주님이 자신과 연합한 우리를 위해 피를 흘려 구원을 이루신 것입니다.

단순히 우리가 예수를 믿는 것만으로 구원을 받는 것이 아닙니다. 그에 앞서 '그리스도 안에' 있는 구원 계획과 그것을 역사 속에서 성취하신 일, 즉 '나' 밖에서 일어난 객관적인 사건으로 말미암아 구원을 얻습니다. 우리의 구원은 우리의 경험 이전에 이미 확고부동하게 성취된 그리스도의 구원 사건으로 말미암은 것입니다.

객관적인 구원의 기초 위에서 우리의 구원을 생각하라

우리는 구원의 양면을 알아야 합니다. 먼저, 불변하는 역사적인 사실로서의 구원, 곧 그리스도께서 십자가에 달려 죽으시고 부활하심으로써 역사적이고 객관적으로 성취하신 구원을 알아야 합니다. 그와 함께 우리 각 사람이 다른 시대와 정황 속에서 예수를 믿어 주관적으로 구원받은 것 또한 알아야 합니다.

후자인 주관적인 구원은 전자인 객관적인 구원, 즉 그리스도께서 그분의 피로 구속하신 역사적인 사건에 근거합니다. 객관적인 구원 없이 주관적인 구원은 가능하지 않습니다. 이 점을 확고하게 하지 않으면 각 사람이 경험하는 주관적인 구원을 사람마다 자의적으로 설명하는 큰 혼란에 빠질 수 있습니다.

우리의 주관적인 구원은 역사 속에서 그리스도께서 이루신 객관적인 구원이라는 굳건한 기초 위에 있습니다. 그러므로 자신의 구원을 먼저 그리스도께서 객관적으로 성취하신 구원에 근거해서 생각해야 합니다. 구원을 생각할 때마다 내 안에 있는 무엇이 아니라 나 밖에서 일어난 일, 곧 그리스도께서 자기의 피로 속량하신 사실을 보아야 합니다.

바울은 에베소서 1장 3-14절에서 구원을 전체적으로 이야기하는 가운데, 13절 끝부분에 이르러 '구원을 우리에게 적용하시는 성령의 역사'에 대해 말했습니다. 부르심, 거듭남, 회개, 믿음, 성화와 같이 성령께서 우리에게 적용하시는 주관적인 구원의 내용을 '진리의 말씀을 듣고 믿어 성령으로 인 치심을 받았다'라고 간단하게 진술했습니다. 반면 에베소서 1장 3-14절의 대부분의 내용은 하나님이 우리 밖에서 우리의 구원을 위해서 행하신 사역에 대해서 말합니다. 아니, 심지어 13절에서조차 바울은 '그[그리스도] 안에서' 된 일이라고 말했습니다.

이처럼 객관적인 구원에 대한 강조에 "나 밖에서 무슨 일이 일어났든지 무엇이 중요합니까? 결국 내가 믿어야지요"라고 하며 구원의 무게 추를 다시 자신에게로 이동시키려는 사람들이 있습니다. 그러나 하나님의 구원을 객관적인 구원과 주관적인 구원으로 나누어서 설명하는 이유는 둘을 분리하기 위해서가 아닙니다. 오히려 우리가 예수 그리스도를 믿음으로써 경험하는 주관적인 구원은 반드시 나 밖에서 일어난 객관적인 구원으로 말미암습니다. 우리는 둘을 분리시키지 말고, 먼저 그리스도의 피로 있게 된 구원의 객관적인 역사를 생각하고 그 기초 위에서 우리의 구원을 생각해야 합니다.

자신의 무엇이 아니라
하나님의 은혜의 영광을 찬양하라

기독교의 구원은 자신의 의지적인 결단과 감정적인 체험에 의존하는 이방 종교의 구원과는 다릅니다. 우리의 구원은 그리스도께서 성취하신 객관적인 구원 사역 위에 견고히 서 있습니다. 이 사실은 우리로 하여금 우리를 구원하신 하나님의 은혜의 영광을 크게 찬양하게 합니다. 신자는 자격이나 공로가 없음에도 우리를 구원하시기 위한 성부, 성자, 성령 하나님의 역사로 구원을 얻은 자로서 그분의 은혜의 영광을 찬미합니다.

물론 지금도 교회 안에는 이러한 믿음을 떠나 체험을 근거로 자신이 그리스도인이라고 생각하는 이들이 많습니다. 하지만 예수의 이름으로 권능을 행하고, 봉사를 하고, 종교적인 체험과 활동에 많이 참여한 자라 하더라도 주님이 모른다고 하실 수 있음을 기억해야 합니다(마 7:22-23). 주관적인 무엇을 구원의 근거로 붙드는 것은 커다란 잘못입니다.

예수 믿는 우리는 자신의 무엇이 아니라 오직 나 밖에서 완전한 조건을 가지고 나의 죄를 속량하신 완전하시고 의로우신 예수 그리스도 안에서 구원을 얻은 자들입니다. 그런 자로서 우리는 우리의 행위와 체험을 기뻐하지 않고, 그리스도와 그분의 십자가를 기뻐하며 하나님의 은혜의 영광을 찬양합니다. 이것이 기독교입니다.

그런 맥락에서 예수 믿는 우리는 무엇이 신앙생활에 힘과 동기가 되고 있는지를 돌아보아야 합니다. 예배를 드리고, 일상에서도 하나님을 찾으며, 거룩한 것을 추구하는 동기가 명확해야 합니다. 어떤 사람들은 자신이 다른 사람보다 더 나은 지식이나 성품을 가졌거나, 인정받는 위치에 있거나, 많은 활동을 하고 있다는 판단 아래 자아도취적인 신앙생활을 하기도 합니다. 그러나 그러한 모습은 정상적인 기독교 신앙에서 비롯된 것이라고 할 수 없습니다.

정상적인 기독교 신앙은 그리스도께서 나 밖에서 나의 죄를 속량하셨다는 확고한 기초에 힘과 동기를 얻어 주님을 따르는 것입니다. 그리스도와 그분이 행하신 십자가 사역이 나의 힘, 나의 생명, 나의 기쁨이 되는 것입니다.

우리의 체험이나 사업 목표가 신앙생활에 힘과 동기를 부여하는 것은 이방 종교의 방식입니다. 우리는 우리의 무엇 때문이 아니라 창세전 하나님 아버지의 계획하심을 따라 하나님의 아들이 친히 육신을 입고 오셔서 역사 속에서 행하신 구속으로써 확고한 구원을 소유한 자들입니다. 바로 그 사실 때문에 우리의 구원은 누구도 흔들 수 없습니다. 사탄은 끝없이 우리의 마음을 뒤흔들고 혼란하게 해 그리스도 안에 있는 구원의 확고함을 보지 못하게 합니다. 그러나 우리는 "나를 봐서는 구원을 말할 수 없지만, 나의 죄를 대속하시고 속량하신 예수 그리스도 때문에 나의 구원은 확실하다!"라고 말해야 합니다.

우리는 여기서 출발해야 합니다. 먼저는 놀라우신 그리스도와 그분의 십자가를 생각하십시오. 바울이 왜 그리스도와 그분의 십자가 외에는 알지 않기로 작정하고 그것을 자랑한다고 말했는지 떠올려 보십시오(고전 2:2). 그리고 자신의 존재와 신앙생활의 모든 기초를 우리 구원의 굳건한 반석이신 그리스도께 두십시오. 그리스도 안에서 누구도 흔들 수 없는 구원을 가졌음을 알고 그것만 자랑하십시오. 그리스도께서 자신의 피로 죄에서 우리를 속량하신 객관적인 구원을 확고히 붙드십시오.

우리 모두가 이와 같이, 하나님이 창세전에 정하신 구원 계획과 그 계획에 따라 그리스도께서 역사 안에 오셔서 이루신 일로써 이제 우리에게 허락된 구원을 풍성하게 누릴 수 있기를 바랍니다. 예수 믿는 우리는 그 안에서 자유로울 수 있습니다.

6장

그리스도 안에서의 의미
_ **그리스도는 구원의 모든 것이다**

"곧 창세전에 그리스도 안에서 우리를 택하사 우리로 사랑 안에서 그 앞에 거룩하고 흠이 없게 하시려고"(엡 1:4).

"그 안에서 너희도 진리의 말씀 곧 너희의 구원의 복음을 듣고 그 안에서 또한 믿어 약속의 성령으로 인 치심을 받았으니 이는 우리 기업의 보증이 되사 그 얻으신 것을 속량하시고 그의 영광을 찬송하게 하려 하심이라"(엡 1:13-14).

"또 이르시되 이같이 그리스도가 고난을 받고 제삼일에 죽은 자 가운데서 살아날 것과 또 그의 이름으로 죄 사함을 받게 하는 회개가 예루살렘에서 시작하여 모든 족속에게 전파될 것이 기록되었으니 너희는 이 모든 일의 증인이라 볼지어다 내가 내 아버지께서 약속하신 것을 너희에게 보내리니 너희는 위로부터 능력으로 입혀질 때까지 이 성에 머물라 하시니라"(눅 24:46-49).

'그리스도 안에서'의 3가지 구체적인 의미

제1부에서 살펴보았듯이 성경은 성부 하나님이 우리를 택하신 것부터 모든 구원의 내용을 '그리스도 안에서'로 말합니다. 이 장에서는 성경이 구원의 모든 것을 '그리스도 안에서'로 말하는 이유에 대해 좀 더 상세히 살피려고 합니다.

일반적으로 구원 교리는 우리를 부르시고, 거듭나게 하시고, 회심하게 하시고, 의롭다 하시고, 거룩하게 변화시키시는 등 성령께서 우리에게 구원을 적용하시는 사역에 초점을 맞추어 기술되는 경우가 많습니다. 그러나 성경은 성령께서 우리에게 주관적으로 적용하시는 구원을 예수 그리스도께서 성취하신 구원이라는 객관적인 근거와 함께, 그리고 그것에 기초해서 이야기합니다.

특히 바울은 에베소서 1장 3-14절에서 창세전 하나님의 구원 계획으로부터 모든 만물이 회복되고 통일되는 우주적인 구원의 역사와 그 안에 포함되어 있는 개개인의 구원, 즉 오늘날 우리가 구원의 복음을 듣고 믿어 성령의 인 치심을 받아 장차 영화에까지 이르는 구원의 모든 내용을 '그리스도 안에서'로 묶어서 말했습니다.

사실 이것은 아주 재미있는 표현입니다. 분명히 성부 하나님의 계획은 창세전에 있었고, 성령 하나님의 사역은 각 시대마다 연이어 존재하는 신자들에게 계속해서 있는 일인데 그 모든 것을 역사의 한 시점인 지금으로부터 2,000년 전 이 땅에 오셔서 죽으실(또는 죽으신) '그리스도 안에서'의 일로 말하기 때문입니다.

우리는 성경이 세상 만물의 회복과 우리의 구원 전반을 '그리스도 안에서', 즉 '이 땅에 육신을 입고 오실, 그리고 마침내 오신 하나님의 아들 예수 그리스도 안에서'로 말하는 이유와 의미를 잘 생각해 볼 필요가 있습니다.

성경이 우리의 구원을 '그리스도 안에서'로 표현할 때 그 의미를 최소한 3가지로 나누어 설명할 수 있습니다.

첫째, 창세전부터 종말에 이르는 구원의 전 역사가 그리스도를 중심에 두고 진행되고 성취된다는 사실을 말해 줍니다.

둘째, 신자가 그리스도와 연합함으로써 구원의 모든 복과 유익을 얻게 된다는 사실을 상기시킵니다.

셋째, 우리가 구원을 실제로 확인하고 경험할 수 있도록 우리에게 적용하시는 일이 그리스도께서 보내신 성령에 의한 것임을 말해 줍니다.

우리는 이 3가지를 함께 생각해 볼 필요가 있습니다. 성경이 말하는 '그리스도 안에서'라는 표현이 이 사실 모두를 우리에게 상기시키기 때문입니다.

구원은 '그리스도 안에서' 계시되고, 진행되고, 성취되고, 적용된다

구원을 '그리스도 안에서'로 말하는 것은 무엇보다 하나님이 계획하신 구원이 역사 속에서 그리스도 안에서 계시되고, 진행되고, 성취되고, 적용되기 때문입니다. 창세기부터 요한계시록까지 성경 전체는 하나님의 구원하심이 '그리스도 안에서' 계시되고, 진행되고, 성취되고, 적용되는 것을 보여 줍니다. 성경은 하나님이 재미있는 이야기를 들려주기 위해 우리에게 주신 것이 아니라 우리의 구원을 위해서 주신 계시입니다. 그래서 우리는 성경을 가리켜 '구속 계시' 또는 '구원 계시'라고 합니다. 하나님은 최초의 사람 아담 때부터 계속 역사 속에 구원 계시를 나타내셨습니다.

그런데 하나님이 아담 때부터 인간의 구원을 위해서 점진적으로 드러내신 구속 계시의 중심에 그리스도로 오시는 하나님 자신이 계십니다. 구속 계시는 일찍부터 하나님이 친히 우리를 구원하기 위해 메시아로서 이 땅에 오신다는 것을 내다보았으며, 마침내 그분이 오셔서 구원을 이루셨다는 사실을 기록해 놓았습니다. 그리고 그분이 이루신 일에 근거해 온 세상을 회복시키시고 사람들을 구원하시는 것을 이야기합니다.

구속 계시는 아담 때부터 각 시대 사람들이 수용하고 감당할 수준에서 계시되었습니다. 아담 때는 신약과 같은 계시를 감당할 수 없었습니다. 하나님은 점진적으로 그 시대의 사람들이 감당할 수 있는 수준에서 계시를 허락해 오셨습니다. 앞선 시대에는 주로 상징과 모형을 통해서, 그리고 때로는 직접적인 진술로써 장차 있을 일을 점진적으로 계시하시다가 마침내 우리의 구원을 위해서 하나님이 친히 이 땅에 오심으로써 완벽한 계시를 허락하셨습니다. 약속하신 여인의 후손이 오셔서 계시의 실체를 구체적으로 드러내신 것입니다. 그 역사적인 성취에 대한 내용이 마태, 마가, 누가, 요한의 복음서들에 나타나 있습니다.

마태, 마가, 누가, 요한의 복음서들이 하나님이 그리스도 안에서 인간을 구원하시리라는 계시의 성취를 기록했다면, 사도행전 이후에는 그리스도께서 성취하신 구원을 사도들이 증거하며 권함으로써 적용하는 내용이 이어집니다. 이렇게 그리스도께서 이루신 구원을 적용해 사람들을 구원하시는 성령의 사역을 '구원의 적용'이라고 하고, 좀 더 신학적인 용어로 '구원의 서정'(ordo salutis)이라고 합니다. '서정'(序程)이란 '연속적인 순서'라는 의미로 쓰인 말입니다. 즉 구원의 적용, 구원의 서정이란 부르심으로부터 거듭남, 회심 등 택하심을 받은 사람들에게 하나님이 허락하시는 구원과 관련된 일련의 사역들을 의미합니다.

성경은 하나님이 계획하시고 계시해 오신 구원을 그리스도께서 성취하시고 자기 백성에게 적용하시는 것을 기록해 놓은 책입니다. 즉 구원에는 하나님의 계획과 성취, 그리고 적용이 있으며, 이것이 성경이 말하는 구원의 틀입니다. 하나님이 계획하신 구원은 먼저 그리스도께서 성취하시고, 성취하신 그것을 성령께서 적용하심으로써 우리의 것이 됩니다. 우리의 구원은 그리스도께서 성취하신 구원의 적용으로써 있게 된다는 뜻입니다. 이 틀에서 벗어난 구원은 이방 종교에서 말하는 구원과 다를 바 없습니다.

그리스도께서 성취하시고 우리 각 사람에게 적용하시는 성령의 사역은 구속사(historia salutis)의 큰 그림 안에서 보아야 할 내용입니다. 성령께서 우리 각자에게 적용하신 우리 개인의 구원은 하나님이 창세로부터 모든 역사를 통해 진행해 오신 구원의 역사 안에 있습니다. 창세전 계획을 따라 마침내 그리스도께서 인류의 역사 가운데로 오셔서 구속을 성취하심으로써 오늘날 우리까지도 구원의 대상이 될 수 있었던 것입니다.

'그리스도 안에서' 있을 두 가지 역사, 구원의 성취와 적용

부활하신 주님도 누가복음 24장에서 이에 대해 직접적으로 말씀하셨습니다. 예수님은 일찍이 제자들에게 구약 전체, 곧 모세의 율법과 선지자의 글과 시편에 자신을 가리켜 기록된 모든 것을 자신이 이룰 것이라고 말씀하셨습니다(눅 24:44). 즉 모든 구속 계시가 자신을 향해 진행되어 왔으며, 이제 자신 안에서 구속 계획이 성취되었다고 말씀하신 것입니다. 예수님은 인간을 구원하시기 위한 창세전 계획과 그에 따른 구원 계시가 자기 안에서 성취되리라는 것을 일찍부터 알려 주셨고, 이제 성취되었다는 사실을 부활 후에 밝히신 것입니다.

구약성경에서 예수님에 대해 기록된 핵심적인 내용이 무엇인지는 누가복음 24장 46-47절에서 두 가지로 언급됩니다. 예수님 자신의 죽음 및 부활(46절)과 구원의 전파(47절)가 그것입니다. 예수님은 이 두 가지를 자신에 대한 구약의 기록의 핵심적인 내용으로 말씀하셨습니다. 이들은 앞서 언급한 구원의 성취와 적용의 틀을 잘 보여 줍니다.

먼저 46절의 내용은 교리적으로 말하면, 예수님이 성육신과 죽으심으로써 낮아지시고(비하), 또 부활하시고 승천해 보좌에 앉으심으로써 높아지신(승귀) 기독론적인 사건을 가리킵니다. 하나님의 아들 예수 그리스도께서 이와 같은 일들을 통해 친히 구원을 성취하신 것입니다. 그런데 그것으로 구약에서 예수님을 가리켜 기록된 예언이 모두 다 성취된 것은 아닙니다. 47절에서 예수님은 자신을 통해 성취된 구원이 전파될 것을 말씀하셨습니다. 자신이 성취한 구원이 전파되어 적용되는 일까지 '자기에 대해 기록된 것'의 실현으로서 있으리라고 말씀하신 것입니다.

엄밀하게 말하면, 여기서 예수님이 말씀하신 '죄 사함을 받게 하는 회개의 전파'는 신자 개인의 구원 서정 안에서 경험하는 회개를 말한다기보다, 예수를 믿고 죄에서 돌아서게 하는 복음이 모든 족속에게 보편적으로 확산되는 것을 묘사한 표현이라고 할 수 있습니다. 즉 신자 개인이 경험하는 구원 서정상의 한 단계를 말하는 것이 아니라 구원을 성취하신 예수 그리스도로 말미암아 역사 가운데 계속 이어질 구속사의 한 국면으로서 '그리스도의 이름으로 죄 사함을 받게 하는 회개'가 모든 족속에게 전파되리라고 말씀하신 것입니다. 이런 맥락에서 바울도 에베소서 1장에서 성령의 사역까지 '그리스도 안에' 있는 것으로 말한 것입니다(엡 1:13-14).

즉 예수님은 구약성경 전체가 자신 안에서 이루어져야 할 구속사적인 일들을 기록하고 있음을 아셨습니다. 또한 구약에 기록된 그 일들이 자신에게서 어떻게 성취될지도 말씀해 주셨습니다. 곧 예언된 일들은 자신이 이 땅에 와서 구원을 성취한 것으로 끝나지 않고(눅 24:46), 그 후로 구원이 사람들에게 적용되는 것까지(눅 24:47) 계속 이루어지리라고 말씀하신 것입니다. 전자(46절)가 복음서의 내용에 해당하는 것이라면, 후자(47절)는 복음서 이후 구원의 적용에 대해 다루는 신약성경의 나머지 부분에 해당한다고 할 수 있습니다.

성경은 이미 구약 때부터 장차 오실 '그리스도 안에서' 있을 두 가지 역사를 내다보고 있었습니다. 그리스도의 사역과 성령의 사역, 즉 복음서의 내용과 그 이후의 내용을 서로 나누지 않고 모두 '그리스도 안에서' 된 것으로 하나로 묶어서 본 것입니다. 우리도 이러한 관점을 따라 그리스도의 사역과 성령의 사역을 나누지 않고 묶어서 보아야 합니다. 이런 관점에서 이탈해 성령의 사역을 그리스도로부터 떼어 내 어떤 체험에 국한시키면 구원에 대한 여러 오류와 혼란을 경험할 수 있습니다.

오순절 성령 강림,
구원 적용의 시작을 드러낸 사건

성령의 사역인 구원의 적용을 '그리스도 안에서' 이루어지는 일로 말할 수 있는 이유는 부활하시고 승천하신 그리스도께서 '내 아버지께서 약속하신 것(성령)'을 보내심으로써 우리에게 구원을 적용하시기 때문입니다(눅 24:49).

주님이 회개를 전파하시기 이전에 "내가 내 아버지께서 약속하신 것을 너희에게 보내리니", 그때까지, 곧 "위로부터 능력으로 입혀질 때까지 이 성에 머물라"라고 말씀하신 것도 이런 이유 때문이었습니다. 주님이 아버지께서 약속하신 것을 보내신 뒤, 곧 위로부터 능력이 입혀진 뒤에 구원 적용이 시작되리라고 말씀하신 것입니다.

누가가 여기서 '약속하신 것', '위로부터 임할 능력'으로 기록한 것은 다름 아닌 성령을 가리킵니다. 그것이 사도행전에서 밝혀집니다. 누가복음에서는 성령임을 밝히고 있지 않은데, 이는 구원 적용이 시작되기 전에 그리스도께서 이 땅에서 이루실 구속사적인 일(승천)이 남아 있다는 사실을 암시합니다. 하지만 사도행전에서 누가는 그리스도께서 승천하신 이후에 일어난 오순절 성령 강림 사건을 기록했으며(행 2장), 바로 그 사건이 승천하신 주님이 '아버지께서 약속하신 것'을 보내 주심으로써 마침내 일어난 것이라는 사실을 보여 주었습니다.

주님이 미리 약속하신 대로 성령께서 강림하신 오순절 사건은 그리스도의 부활과 승천과 더불어 그리스도 안에서 일어난 구속사적인 사건입니다. 예수 그리스도를 중심으로 한 구속사의 진행 속에서 일어난 일인 것입니다. 성령으로 말미암아 우리에게 구원이 적용되는 것은 바로 이러한 구속사적인 성취로 시작됩니다.

많은 사람이 사도행전 2장에서 성령 강림 사건 때 있었던 현상을 주로 주목합니다. 홀연히 하늘로부터 급하고 강한 바람 같은 소리가 있었고, 불의 혀처럼 갈라지는 것들이 보였으며, 성령께서 말하게 하심을 따라 방언으로 말한 것 등에 관심을 가집니다. 하지만 이 사건에서 가장 중요한 점은 그런 현상들이 아니라 그 사건이 구원의 적용, 또는 구원 서정의 일들이 시작되도록 하는 구속사의 성취로서 일어났다는 점입니다.

오순절 성령 강림은 부활, 승천하신 그리스도께서 약속대로 성령을 보내 주신 구속사적인 사건이며, 마침내 구원 서정의 역사(役事)가 시작되도록 한 기점입니다. 이 때문에 우리는 성령께서 행하시는 구원 적용의 역사를 '그리스도 안에' 있는 것으로 말할 수 있습니다.

이 사실은 오순절 성령 강림 현장에서 베드로가 설교한 내용에서도 잘 드러납니다. 베드로는 주님이 약속하신 성령을 받은 뒤 성령의 감동을 따라 누가복음 24장 47절에 해당하는 일에 쓰임을 받게 되었습니다. 특히 그는 성령의 이끄심 아래서 그리스도께서 성취하신 구원을 많은 회중 앞에서 전파함으로써 구원을 적용하는 일이 시작되었음을 결정적으로 드러냈습니다.

오순절 설교에서 베드로는 다름 아니라 그리스도에 의해 성취된 구원을 전파했습니다. 그가 전한 것은 먼저 구약에서부터 계시되어 온 대로 그리스도께서 자신의 죽음과 부활로써 우리의 구원에 필요한 모든 것을 성취하셨다는 것이었습니다. 베드로는 구원을 성취하시고 승천하신 주님이 마침내 약속하신 성령을 내려 주신 결과로써 지금 '너희가 보고 듣는 이것'이 있게 되었음을 증언했습니다(행 2:33).

그리스도께서 보내신 성령께서 그분의 제자들에게 권능으로 임하셔서 그들을 통해 복음의 전파가 시작되었고, 이로써 그리스도께서 성취하신 구원이 널리 전해지고 적용되는 일이 시작되었습니다. 즉 그리스도 안에서 일어난 성령 강림이라는 구속사적인 사건 위에 우리 각 사람에게 구원을 적용하시는 성령 하나님의 사역이 있게 된 것입니다.

우리의 구원은 이와 같은 역사적인 성취 속에서 있게 된 일입니다. 우리가 경험하는 구원의 서정은 구속사와 연결되어 있습니다. 구원의 적용은 분명히 성령의 사역이지만, 우리는 그것을 성령께서 우리 안에 일으키시는 어떤 내용들, 예컨대 회심과 같은 주관적인 국면만을 가지고 말할 수 없습니다. 왜냐하면 그에 앞서 하나님이 역사 속에 계시해 오신 대로 예수 그리스도께서 이 땅에 오시어 죽음과 부활로써 모든 것을 성취하신 근거가 있기 때문입니다. 성령은 그렇게 성취된 구원을 우리에게 적용하십니다.

이 사실을 무시하면 우리는 그저 주관적인 체험 수준에서 구원을 규정하고, 성경이 말하는 구원을 바르게 누릴 수 없습니다. 성경이 말하는 우리 구원의 결정적인 근거는 우리 안에서 경험하는 가변적이고 주관적인 무엇이 아니라 역사 가운데 우리 밖에서 성취된 영원하고 객관적인 일들, 하나님이 주권적으로 이루신 일들입니다. 이것을 반복해서 강조하는 이유는 구원을 추구하고 구원에 대한 확신을 갖게 하는 데 매우 중요한 문제이기 때문입니다. 우리가 구원을 위해 행하신 하나님의 역사를 제대로 이해하지 못하면 자신이 체험한 부분적인 사실만을 근거로 균형을 잃은 구원관을 갖게 될 수 있습니다.

'그리스도 안에' 있는 구원의 확고함과 견고함을 붙들라

우리의 구원은 하나님이 창세전에 택하신 것에서부터 아브라함, 이삭, 야곱, 모세, 다윗 등을 통해 역사 속에 계시하신 대로 마침내 그리스도께서 이 땅에 오시어 우리의 죄를 지심으로써 성취하신 객관적인 구원 안에 있습니다. 그 구속의 역사는 예수님의 죽음과 부활로 끝나지 않고 승천하신 후에 우리에게 성령을 보내신 사건으로까지 이어집니다. 아시아 대륙의 동쪽 끝에서 살아가는 우리는 이러한 구속사의 진전으로 복음이 전파되어 구원 얻는 은혜를 입었습니다.

우리의 구원은 하나님과 친히 이 땅에 육신을 입고 오신 하나님의 아들 예수 그리스도의 역사적이고 객관적인 구속 사건 안에 있습니다. 예수님이 보내신 성령께서 우리에게 적용하시는 구원은 철저히 그 객관적인 성취에 따른 것입니다. 우리는 오늘날 이 시점에 존재하며 구원을 받게 되었지만 그 배경에는 삼위일체 하나님에 의한 구원의 역사가 있습니다. 우리의 구원은 오직 이러한 이유 때문에 확고하고 견고합니다. 우리가 얻은 구원은 그리스도 안에서 하나님이 계획하시고, 그리스도 안에서 하나님이 성취하시고, 그리스도 안에서 하나님이 적용하신 것이기 때문에 변할 수 없습니다.

우리의 구원은 우연히, 또는 어떤 기계적인 작용으로 있게 된 것이 아니라 만물을 창조하신 하나님, 무한 불변하시고 영존하신 하나님의 구체적인 행동에 따른 것입니다. 하나님이 언약에 충실해 베푸신 은혜와 사랑의 열심으로 인한 것입니다. 우리가 느끼거나 체험한 어떤 것에 앞서 하나님이 나 같은 죄인을 위해 그리스도 안에 있는 구원을 계획하셨고, 계시하셨으며, 그대로 이루셨습니다. 구원은 우리가 경험한 무엇에 앞서 그리스도 안에서 얻는 것입니다.

그러므로 우리는 다른 무엇보다 구원의 모든 것을 이루신 '그리스도 안에서' 자신의 구원을 말해야 합니다. 자신의 구원이 불확실하다고 여겨지고 회심 여부를 고민하는 사람이 있다면 그는 먼저 그리스도의 말씀과 그분에 대한 모든 말씀이 자신을 향하고 있다는 것부터 알고 그것을 받아야 합니다. 믿음은 그리스도의 말씀을 들음에서 납니다(롬 10:17). 그리스도 안에서 허락된 구원에 대한 하나님의 말씀을 들을 때 성령께서 적용하시는 역사를 이루시는 것입니다.

죄인은 하나님의 말씀을 듣고 자신이 그리스도께서 위하여 피 흘리신 사람이라는 것을 깨달을 때 돌이키게 됩니다. 성령의 역사로 말미암아 그리스도께서 자신의 유일한 구원주이심을 고백하게 되는 것입니다. 그러므로 구원을 구하는 자는 말씀을 듣고 받아들여야 합니다. 그리스도에 대한 하나님의 말씀이 자신과 같은 죄인을 위한 것임을 주저 없이 받아들여야 합니다. 그것이 성령 하나님이 구원을 적용하시는 구체적인 방법입니다.

성경이 '그리스도 안에서'라고 말하는 무한히 풍성한 구원의 배경을 생각해 보십시오. 그 엄청난 배경 속에서 우리와 같은 자에게 허락된 놀라운 은혜를 생각해 보십시오. 우리의 구원은 바로 그 은혜에 근거해 그리스도 안에 있습니다. 이것을 붙들어야 합니다. 우리의 감정과 상태를 붙들면 그것이 흔들릴 때마다 함께 흔들릴 것입니다.

우리는 다른 무엇이 아니라 '그리스도 안에서'를 붙들어야 합니다. 하나님은 진실로 구원을 사모하며 그리스도를 붙드는 자를 구원하십니다. 하나님은 절대로 구원을 두고 우리에게 장난치지 않으십니다. 하나님은 그리스도를 의지해 자기에게 나아오는 자들에게 구원을 베푸시며, 그리스도 안에 있는 은혜와 긍휼을 구하는 자들을 결코 부끄럽게 하지 않으십니다(롬 10:11).

7장

그리스도 안에서의 성령
_ 그리스도 안에서 그리스도를 위해 일하신다

"그러나 진리의 성령이 오시면 그가 너희를 모든 진리 가운데로 인도하시리니 그가 스스로 말하지 않고 오직 들은 것을 말하며 장래 일을 너희에게 알리시리라 그가 내 영광을 나타내리니 내 것을 가지고 너희에게 알리시겠음이라 무릇 아버지께 있는 것은 다 내 것이라 그러므로 내가 말하기를 그가 내 것을 가지고 너희에게 알리시리라 하였노라" (요 16:13–15).

성령의 모든 사역은 '그리스도 안에' 있는 일들이다

성경이 구원을 '그리스도 안에' 있는 것으로 말하는 가장 우선적인 이유는 앞 장에서 살펴본 것처럼, 우리의 구원이 그리스도를 중심으로 한 구속 역사의 큰 전개 속에 있기 때문입니다.

하나님은 구원을 위해서 우리의 죄를 사하시는 그리스도를 구원 역사의 중심에 두셨습니다. 그리고 예수 그리스도께서는 그와 같은 하나님의 뜻을 따라 이 땅에 오셔서 자신의 죽음과 부활로 속죄 사역을 이루셨습니다. 구속의 역사는 이것으로 끝나지 않고 주님이 승천하신 이후 오순절에 성령을 보내시고, 주께서 보내신 성령께서 사도와 교회를 통해 그리스도께서 성취하신 구속 사역을 전파하심으로써 계속됩니다.

우리는 이처럼 그리스도께서 보내신 성령께서 행하시는 모든 사역까지도 '그리스도 안에' 있는 일들이라는 사실을 살펴보았습니다. 이것이 우리가 성령 하나님의 역사로써 경험하게 되는 구원의 서정 또한 '그리스도 안에서'의 일이라고 할 수 있는 이유입니다.

성령은 성부와 성자로부터 보내심을 받아서 일하시는 분이다

구원의 성취와 적용은 모두 그리스도 안에서 하나로 묶여 있습니다. 따라서 바울은 에베소서 1장 13-14절에서 성령 하나님의 구원 사역에 대해 말하면서 그것 역시도 '그리스도 안에서'라고 말했습니다. 성령으로 말미암은 구원의 구체적인 국면들은 이러한 배경과 틀 안에서 이해될 필요가 있습니다.

구원을 적용하시는 성령 하나님의 사역이 '그리스도 안에' 있다는 것은 성령께서 구원 사역에 있어서 자신을 성자 하나님께 종속시켜 행하신다는 의미입니다. 물론 성령 하나님은 성부 하나님과 성자 하나님과 존재에 있어서 동등하신 제삼위이신 하나님입니다. 여기서 '위'(位)란 등급이나 계급이 아니라 '위격'(인격)을 말합니다. 성부, 성자, 성령은 서로 다른 위격으로 존재하시지만, 본질과 능력과 영원성에 있어서 동일하신 하나님입니다. 그러나 마치 이 땅에 오신 성자께서 철저히 아버지께서 말씀하신 뜻을 따라 행하심으로써 자신을 그분께 종속시키신 것처럼, 성령 하나님은 자신을 낮추어 성자께서 이루신 구속에 근거해 일하십니다.

분명히 동등하신 성부, 성자, 성령 하나님이 구속 사역에 있어서는 이렇게 놀라운 질서 안에서 행하십니다. 그것은 우리를 구원하시는 데 있어서 그렇게 하실 필요가 있었기 때문입니다. 성자께서는 죄 아래 있는 우리를 위해 친히 우리의 죄를 대신 지고 처리하시기 위해 성부 하나님의 뜻에 자신을 굴복시키셨으며, 성령은 성자 하나님이 이루신 구원의 성취에 자신을 종속시키심으로써 스스로 믿을 수 없는 우리에게 친히 오셔서 그리스도를 믿게 하는 일을 행하십니다.

성령 하나님이 성자 하나님께 자신을 종속시켜서 사역을 행하신다는 사실을 가장 구체적으로 언급하신 분은 예수님 자신이십니다. 예수님은 잡히시기 전날 밤 제자들에게 말씀하신 소위 '다락방 강화'에서 여러 놀라운 진리들을 가르치셨으며, 특별히 예수님 자신과 성령의 관계 또한 이야기해 주셨습니다.

먼저, 예수님은 자신이 또 다른 보혜사를 보내겠다고 말씀하셨습니다(요 14:16). 여기서 '보혜사'는 물론 성령을 가리킵니다. 성령께서 또 다른 보혜사로서 예수님을 대신해 제자들과 그리스도인 곁에서 그들을 돕고 변호하는 존재로 오신다는 것입니다.

그런데 이때 제자들이 보혜사로서의 성령을 잘 이해하지 못했기 때문에 예수님은 곧바로 "그는 진리의 영이라"(요 14:17)라고 말씀해 주셨습니다. 예수님이 직접적으로 "그는 성령이라"라고 하지 않으시고 '진리의 영'이라고 하신 이유는 앞서 하신 말씀 때문이었습니다. 요한복음 14장 6절에서 예수님은 "내가 곧 길이요 진리요 생명"이라고 말씀하셨는데, 이에 비추어 보면 '진리의 영'은 '그리스도의 영'을 의미한다고 할 수 있습니다. 오시는 성령은 주님과 관계된 주님의 영이신 것입니다. 이는 바울이 로마서 8장에서 성령을 직접적으로 '그리스도의 영'

이라고 언급한 표현을 통해서도 드러납니다.

이러한 성경의 관점을 따라 우리도 성령을 무엇보다도 예수님과의 관계 속에서 보아야 합니다. 특별히 성령께서 그리스도와 관련해 어떤 일을 행하시는가를 생각해야 합니다. 은사에 대해서든 무엇이든 성령의 사역은 모두 예수님과의 관계 속에서 이해되어야 합니다.

오실 성령께서 예수님께 종속된 분이시라는 점은 보혜사 성령께서 성령 자신의 이름으로 오시지 않고 그리스도의 이름으로 오시리라는 주님의 말씀(요 14:26)에서 더 구체적으로 드러납니다. 강웅산 교수는 여기서 '내 이름으로'라는 말은 '나를 대신해서', '내 권세로', '내 것으로', '내 목적을 위해', '나를 위하여' 등의 의미를 갖는다고 했습니다.[7] 즉 성령은 자신의 이름이 아닌 그리스도를 대신해서, 그리스도의 권세로, 그리스도의 것으로, 그리스도의 목적을 위해, 그리스도를 위하여 오신다는 뜻입니다.

이는 오실 성령께서 행하시는 활동의 범위와 방법과 목적 등이 그리스도께 종속된다는 것을 의미합니다. 성령의 존재가 아니라 경륜적인 차원에서, 하나님의 구원 계획과 목적을 완성하기 위해 자신을 제한하시는 것입니다. 이것은 아주 재미있는 사실입니다. 하나님이 우리의 구원을 이루시기 위해서 스스로를 제한하신다는 말이기 때문입니다.

성자 하나님이 아버지의 뜻을 이루기 위해서 자신을 제한해 성육신 하시고 죽기까지 복종하셨듯이, 성령 하나님은 구원을 적용하기 위해서 스스로 자신의 활동의 범위와 방법과 목적을 제한하시어 성부와 성자로부터 보내심을 받아 일하십니다.

예수님은 분명히 '자신이' 보혜사, 곧 성령을 보낼 것이라고도 말씀하셨습니다(요 15:26). 요한복음 14장 16절과 26절에서는 '아버지께서 보내실 성령'이라고 말씀하신 반면, 15장 26절에서는 '내가 너희에게 보낼 보혜사'라고 말씀하셨습니다. 이처럼 성령은 성부와 성자로부터 보내심을 받아서 일하시는 분입니다.

이는 우리가 어떤 목적을 위해 스스로를 낮추어 누군가를 따르는 것과는 본질적으로 다른 경우입니다. 하나님이 우리의 구원을 이루시기 위해 무한한 자신을 낮추시고 제한해 일하신다는 사실의 배후에는 하나님의 놀라운 지혜와 사랑이 있습니다.

성령의 사역의 궁극적인 목적은
오직 그리스도의 영광을 위해

성령은 성부와 성자로부터 보내심을 받은 진리의 영으로서, 진리이신 그리스도에 대해 증거하십니다. 예수님은 성령께서 오셔서 하실 일을 다음과 같이 구체적이고 직접적으로 말씀하셨습니다.

"진리의 성령이 오실 때에 그가 나를 증언하실 것이요"(요 15:26).

성령께서 오셔서 하시는 일은 오직 그리스도의 말씀과 사역을 증거하시는 일입니다. 성령은 주님의 이름으로 오셔서 모든 것을 가르치시며, 그리스도께서 공생애 기간 동안 제자들에게 말씀하신 모든 것을 생각나게 하십니다(요 14:26). 성령 하나님은 자신을 제한하시며 그리스도께서 하신 일을 지원하고 보충하는 차원에서 일하시는 것입니다.

예수님이 성령께서 오실 때 그분이 자신을 증거하실 것이며, 사도들이 성령의 증거 사역을 따라 자신에 대해 증언하리라고 말씀하신 것은 (요 15:26-27) 사도행전 2장에 있을 오순절 성령 강림을 염두에 두신 것입니다. 그리스도께서 승천하신 후 보내 주시는 성령께서 사도들 안에 역사하심으로써 구원의 모든 역사가 진행되리라는 것입니다.

우리의 구원은 이렇게 '그리스도 안에서' 이루어집니다. '그리스도 안에서' 구원 얻은 우리는 성령께서 우리에게 오시어 행하시는 사역의 배후를 주목해야 합니다. 예수님은 자신과 성령에 대한 이상의 내용으로도 부족하다는 듯 요한복음 16장에서 또다시 진리의 영이 오셔서 행하시는 일에 대해 말씀하셨습니다(요 16:13-15). 그로써 우리가 성령께서 행하시는 사역에 대해 바른 이해를 갖도록 하신 것입니다.

성령은 진리이신 그리스도의 영으로 오셔서 우리를 모든 진리 가운데로, 즉 그리스도께로 인도하는 일을 하십니다(요 16:13). 여기서 예수님이 단지 '진리'라고 하지 않으시고 '모든 진리'라고 하신 이유는 하나님이 창조하신 모든 세계를 통해 진리를 계시하시며, 그 진리가 그리스도를 향하고 있고, 결국 그리스도를 만날 때 진리가 온전하게 인식되기 때문입니다. 성령은 모든 사역 속에서 철저하게 그리스도를 드러내심으로써 우리를 진리 가운데로 인도하십니다.

성령 하나님은 진리이신 그리스도의 영으로서, 스스로 말씀하지 않으십니다. 성령은 제삼위 하나님이시지만, 구원 사역과 관련해서는 자신을 그리스도께 종속시키심으로써 스스로 말하지 않으십니다. 스스로 말씀하실 수 있는 분이심에도 불구하고 자신이 주도권을 가지고 자기의 뜻대로 하지 않으시고, 자신을 제한하시고, 그리스도께 종속시키셔서 오직 들은 것을 말씀하시며 장래 일을 알리십니다(요 16:13).

예수님이 이 말씀을 하신 시점에서 '장래 일' 속에는 그리스도께서 당하실 십자가가 포함되어 있었습니다. 즉 성령께서 알리시는 장래 일 역시 그리스도와 관련되어 있는 것입니다.

이처럼 성령은 그리스도와의 관계 속에서 자신이 들은 것, 곧 자신에게 위탁된 것만을 말씀하시고 알리심으로써 그리스도의 영광을 나타내십니다(요 16:14). 성령의 사역의 궁극적인 목적은 자기의 영광이 아니라 그리스도의 영광입니다. 성령은 그리스도의 이름으로 오셔서 그리스도의 영광을 나타내실 만큼 전적으로 그리스도 안에서, 그리스도를 위한, 그리스도의 일을 행하십니다.

성령은 철저하게
그리스도께 스스로를 종속시켜 일하신다

예수님은 성령께서 "내 것을 가지고 너희에게 알리시겠음이라"라고

까지 말씀하셨습니다(요 16:14). 이어서 "무릇 아버지께 있는 것은 다 내 것이라"라고 말씀하심으로써 '내 것'과 '아버지께 있는 것'을 동일시하셨습니다(요 16:15). 여기서 동일시되고 있는 것은 아버지께서 그리스도 안에서 이루고자 하시는 구원, 그리고 그리스도께서 인성을 취해 성취하시는 구원이라고 할 수 있습니다. 성령은 바로 그것을 알리심으로써 구원을 적용하는 일을 행하십니다.

아버지께서는 창세전에 우리의 구원을 그리스도 안에서 계획하셨고, 그 계획을 따라 그리스도께서 우리의 죄를 대신 지고 십자가에 달려 죽으시고 장사되셨을 때 그분을 죽음에서 일으키셨습니다. 이런 면에서 구원은 아버지께 속한 것입니다. 한편 그리스도께서는 우리를 위해 이 땅에 육신을 입고 오셔서 우리의 죄를 담당하심으로써 우리의 구원을 이루시고 부활, 승천하셔서 우리의 영원한 중보자가 되셨습니다. 이런 면에서 구원은 또한 그리스도의 것입니다. 구원은 아버지의 것이면서 또한 그리스도의 것입니다.

성령은 자신의 어떠한 것이 아니라 아버지께서 계획하시고 그리스도 안에서 성취된 구원을 우리에게 알리시고 적용하십니다. 성령은 임의로 구원을 적용하시지 않습니다. 사역의 관점에서, 성령은 철저하게 그리스도께 스스로를 종속시켜 일하십니다. 에베소서 1장 13-14절 말씀처럼 '그리스도 안에서' 구원을 적용하시는 사역을 이루시는 것입니다.

구원을 적용하시는 성령의 사역은 그리스도를 떠나서는 설명될 수 없습니다. 성령은 오직 우리를 그리스도께로 인도하시기 위해 그리스도께 들은 것을 말씀하시고, 그리스도의 것을 가지고 그분의 영광을 나타내십니다. 성령께서 우리의 구원을 만들어 내시는 것이 결코 아닙니다. 성령께서 독자적으로 무엇인가를 행해 구원을 느끼게 하거나 확신하게 하시는 것이 아닙니다. 오직 그리스도께서 성취하신 구원이 우리의 것이 되도록 적용하시는 것입니다.

신자가 이러한 이해를 갖는 것은 필수적입니다. 그렇지 않으면 자신이 구원을 받았다고 하면서도 우리의 죄를 대속하신 그리스도께 의지해 구원에 참여한 자로서의 실제적인 모습을 갖지 못하게 되기 때문입니다. 기독교의 구원은 가상적인 무엇이 아니며, 단순한 종교적 심리 상태도 아닙니다. 그리스도께서 이루신 성취로 인해 우리의 존재와 삶에 분명하게 드러나는 어떤 실체입니다.

성령은 그리스도 안에서 성취된 그리스도의 것을 우리에게 알리시고 적용하심으로써 구원을 이루시며, 그리스도께로 우리를 인도하십니다. 우리는 이 사실을 알고 그 사역을 따라야 합니다. 이와 다른 구원이나 어떤 변화는 성령으로 말미암은 것이 아닙니다. 성령은 우리가 우리의 죄를 구속하신 그리스도 안에서 구원을 얻도록 이끄십니다. 그러므로 신자는 성령으로 말미암아 그리스도와 연합된 자로서 자신과 자신의 구원을 생각해야 합니다. 우리 안에 일어나는 모든 구원의 국면은 성령의 사역으로서, 철저히 그리스도를 통해서 보고 이해되어야 합니다.

오늘날 교회 안에 "이제는 성령의 시대입니다"라고 말하면서 성령의 사역을 강조하는 사람들이 많습니다. 물론 성령을 강조하는 것 자체는 전혀 이상한 일이 아닙니다. 도리어 성경적인 것입니다. 문제는 그리스도와 성령의 관계를 무시한 채 신비한 능력과 체험 등에 편중되어 선동적인 차원에서 성령의 사역을 강조하는 것입니다. 오늘날 사람들을 열광시키는 기이한 현상들을 내세우며 그것이 성령 하나님이 임하신 증거라고 주장하는 일들이 많습니다. 그런 것들은 모두 치우친 것입니다. 성령은 그런 선동에 의해 움직이지 않으십니다.

우리는 성령 하나님을 알고 믿으며, 그분의 은혜를 구하고, 그분께 영광을 돌려야 합니다. 성부와 성자께만 아니라 성령 하나님의 영광 또한 찬송해야 합니다. 그러나 성경은 성령 하나님은 그리스도의 영으로서 스스로를 그리스도께 종속시켜 일하시는 분이라고 가르칩니다. 우리는 그런 가르침에 근거해 그리스도를 통해 성령을 이해해야 합니다. 그리스도께서 이루신 것을 따르지 않은 성령의 사역은 성령 자신의 것일 수 없습니다.

그리스도와 성령께서 하나로 묶여
우리의 구원을 이루신다

우리의 구원은 그리스도께서 이루신 것에 근거해 성령께서 우리에게 가져다주시는 것입니다. 우리는 그리스도께서 모든 조건을 충족시키셨기 때문에 구원의 모든 복을 얻어 누릴 수 있습니다. 성령께서 오신 것 역시 구속을 성취하신 그리스도께서 그 구원이 우리에게 적용되게 하시기 위해서 성령을 보내 주셨기 때문입니다.

이렇듯 우리 구원의 모든 것은 '그리스도 안에서'입니다. 하나님이 창세전에 계획하신 것조차도 '그리스도 안에서' 우리를 위한 것입니다. '그리스도 안에서'가 아니면 구원은 우리의 것이 될 수 없습니다. 또 '그리스도 안에서'가 아니면 우리는 하나님께 나아갈 수 없습니다. 우리가 성도로서 누리는 모든 복은 '그리스도 안에서' 허락된 것입니다. 하나님은 '그리스도 안에서' 우리를 받아 주시고 우리와 교통하십니다.

성경은 '성령(하나님의 영)이 우리 안에 거하신다'라고도 말하고, 같은 절에서 그 성령을 '그리스도의 영'이라고 부르기도 합니다(롬 8:9). 또 다른 곳에서는 '그리스도께서 우리(너희) 안에 계시는 것'으로 말하기도 하고(고후 13:5). 심지어 '주(Lord)는 영이시라'라고까지 표현합니다(고후 3:17).

이렇게 말하는 이유는 성경 기자인 바울이 성령과 그리스도를 혼동하고 있기 때문이 아닙니다. 바울은 그리스도의 영과 그리스도가 사역적인 면에서 하나임을 말한 것입니다. 우리의 구원을 이루는 데 있어서 그리스도와 성령께서 하나로 묶여 일하신다는 것입니다.

우리의 구원은 그저 우리가 믿고 회개한 것으로 다 설명할 수 없는 실체입니다. 앞서 살펴본 것처럼 삼위 하나님의 우리의 구원을 위한 놀라운 사역 속에서 우리가 오늘날 이 자리에 있게 된 것입니다. 구원은 우리가 어떤 집회에 가서 느낀 뜨거운 감정 체험 정도로 설명될 수 있는 것이 아닙니다.

성부 하나님의 창세전 계획과 마침내 오셔서 우리의 죄를 담당하시고 구원을 성취하신 그리스도의 사역과 그 사역에 근거해 우리에게 다가와 우리 안에서 일하시는 성령의 놀라운 사역으로써 우리가 구원을 얻게 된 것입니다. 우리 안에 거하시는 성령은 여기서 그치지 않고 최종 완성에 이르기까지 집요하게 일하십니다. 우리가 먹고, 마시고, 나이가 드는 중에도 그 배후에서 세심하게 우리를 구원으로 이끄시고 지켜 주십니다.

중요한 것은 이 구원이 '그리스도 안에서'의 구원이라는 사실입니다. 성령은 우리의 죄를 대속하신 그리스도의 확고하고 흔들릴 수 없는 사역에 근거해 우리 안에 생명의 역사를 일으키십니다. 즉 우리를 거듭나게 하시고, 회심하게 하시며, 의롭다 하심을 얻게 하시고, 점진적으로 거룩하게 변화시키십니다. 그리스도께서 성취하신 근거가 없으면 우리의 구원은 허구에 지나지 않습니다.

그리스도 안에서 우리에게 허락된 구원을 주목하십시오. 역사 속에서 계시되고 성취된 그리스도 안에서의 구원은 참으로 경이롭고 견고한 것입니다. 환난이나 곤고나 박해나 위험이나 칼이 우리를 그리스도의 사랑에서 끊을 수 없고, 현재 일이나 장래 일이나 다른 어떤 피조물도 우리 주 그리스도 예수 안에 있는 구원의 견고함을 흔들 수 없습니다(롬 8:35, 39). 성도 된 우리는 그리스도 안에서 성자 하나님과 성령께서 함께 우리의 구원을 이루신다는 놀라운 사실을 기억하고, 자신의 무엇을 보기보다 하나님의 사역을 보며 구원의 길을 가야 합니다.

자신에게 허락된 구원의 가치를 가볍게 여기지 마십시오. 우리는 견고한 근거 위에 우리 안에서 행하시는 성령의 역사에 민감하게 반응하고, 성령을 좇아 행하며, 하나님이 기뻐하시는 거룩한 변화를 이루어 가야 합니다.

8장

그리스도 안에서의 연합
_ 그리스도 중심적인 구원

"보혜사 곧 아버지께서 내 이름으로 보내실 성령 그가 너희에게 모든 것을 가르치고 내가 너희에게 말한 모든 것을 생각나게 하리라"(요 14:26).

"나는 포도나무요 너희는 가지라 그가 내 안에, 내가 그 안에 거하면 사람이 열매를 많이 맺나니 나를 떠나서는 너희가 아무 것도 할 수 없음이라"(요 15:5).

그리스도와 연합으로 있게 된 우리의 구원

앞서 성경이 우리의 구원을 '그리스도 안에서'로 말할 때 크게 3가지의 구체적인 의미를 갖는다고 언급했습니다. 첫째, 창세전부터 종말에 이르는 구원의 전 역사가 그리스도를 중심에 두고 진행되고 성취된다는 것, 둘째, 신자가 그리스도와 연합함으로써 구원의 모든 복과 유익을 얻게 된다는 것, 셋째, 우리가 구원을 실제로 확인하고 경험할 수 있도록 우리에게 적용하시는 일이 그리스도께서 보내신 성령에 의한 것임을 말해 준다는 것입니다.

앞서는 그중에서 주로 첫 번째 의미를 살펴보았습니다. 이 장부터는 둘째 내용, 즉 우리의 구원은 그리스도와의 연합으로써 있게 된다는 내용을 살펴보고자 합니다.

성경은 '그리스도께서 우리를 위해 죽으셨다'(롬 5:8 등), '그리스도께서 우리와 함께 죽으시고 장사되시고 살리신바 되었다'(롬 6:4 등), '우리가 그리스도 안에 있다'(고후 5:17 등), '그리스도께서 우리 안에 계신다'(롬 8:9 등)라는 표현을 통해 우리와 그리스도의 연합을 표현합니다.

우리가 성경을 읽으면서 대수롭지 않게 읽고 지나칠 수 있는 이 표현은 사실 그리스도와 우리의 특별한 관계를 나타내 줍니다. 성경이 이 관계를 표현하기 위해 쓰는 말 중에서 가장 빈번하게 사용하는 어구는 '그리스도 안에서'입니다. 이는 바울 서신에서만 무려 160회 정도 사용되었습니다.

2,000년 전에 이 땅에 오셔서 구원을 성취하신 그리스도와 오늘을 살아가는 우리는 물리적인 시간과 공간에서부터 매우 동떨어져 있습니다. 그럼에도 그리스도께서 성취하신 구원이 우리의 것이 될 수 있는 이유는 바로 연합 때문입니다. 즉 우리가 그리스도 안에 있기 때문입니다.

물론 그리스도께서 이루신 모든 것을 우리에게 적용하시는 일은 성령의 사역입니다. 그런데 성령은 그리스도께서 이루신 구원을 우리에게 적용하시기 위해 우리를 그리스도와 연합하게 하십니다. 성령께서 그리스도와 우리를 연합하게 하심으로써 그리스도께서 이루신 모든 것이 우리의 것이 됩니다.

직선 구조의 구원 서정과 그 문제점은 무엇인가?

그럼에도 기존의 교리 체계에서는 우리를 그리스도와 연합시키시는 성령의 사역과 그 중요성이 충분히 감안되지 못하고 무시되거나 부분적인 것으로 여겨지는 경우가 많았습니다.

종교개혁 이후 17세기에 이르러 개혁파 교회 안에 많은 신학자가 성경의 교리를 체계화하는 작업을 했는데, 특히 영국의 청교도들은 구원의 서정에 대한 작업에 열심을 냈습니다. 그들은 부르시고 거듭나게 하시는 등으로 이어져서 마지막 영화(榮華)로 나아가는 직선 구조로 구원 서정에 대한 이해를 체계화했습니다. 그들이 말한 구원의 서정은 지금까지도 많은 유익을 주고 있는 좋은 유산입니다.

그러나 직선적인 구조로 구원을 설명하는 것에는 한계와 문제가 있습니다. 무엇보다 그러한 설명은 성경에서 우리의 구원이 '그리스도 안에서', '그리스도와 함께' 등으로 묘사되는 그리스도와의 연합 관계를 그저 영적 축복의 한 단계나 추상적인 근원 정도로 간단하게 치부할 위험이 있습니다. 성경은 우리의 구원 전반이 '그리스도 안에' 있다고 말하지, 그저 구원 서정의 한 국면이나 영적 축복의 근원 정도라고 말하지 않습니다.

그럼에도 구원 서정을 체계화했던 개혁파 정통주의자들과 청교도 시대의 사람들은 성경을 조직신학적인 측면에서 주로 보았기 때문에 그 체계 속에서 구원을 직선적인 구조, 또는 원인론적인 사실 구조로 보고 설명했습니다.

그래서 19세기 이후 성경신학자들은 일반적인 구원 서정의 설명이 구원에 대한 성경의 가르침 중 중요한 점을 간과하고 있다는 문제를 제기했습니다. 성경신학자들은 모든 구원 적용 사역은 '그리스도 안에서' 이루어지며, 결국 이것이 모든 구원 서정의 진행에서 일종의 배경과 틀이 된다는 사실을 강조했습니다. 성령의 구원 적용 사역을 그리스도와의 관계, 곧 기독론적인 관계 속에서 보아야 한다는 점에 주목한 것입니다.

그들의 지적대로 직선적인 구원 서정의 구조는 구원의 특정 국면들에 비정상적으로 몰입하게 하는 경향이 있습니다. 예를 들어, 극단적인 회심주의자들처럼 회심에만 몰입하게 하는 등의 치우침이 있을 수 있습니다. 우리는 그런 치우침을 경계해야 합니다.

구원 서정의 어느 한 측면에만 몰입하면 복음의 축복을 누리지 못하게 됩니다. 무엇보다 신자의 구원과 삶에서 가장 중요한 그리스도 중심성을 잃고, 그로 인해 복음의 수많은 복된 것들로부터 멀어지게 될 수 있습니다. 구원을 주관적인 차원에 국한시켜 생각하며 "나는 거듭났는가? 회심했는가? 성화의 모습이 있는가?"라는 문제에만 몰입해 머무르기 쉽습니다.

이렇듯 구원의 모든 내용의 중심에 그리스도께서 계신다는 점을 분명히 하지 않으면 어떤 중요한 교리도 그릇 적용될 수 있습니다. 이런 차원에서 싱클레어 퍼거슨(Sinclair Ferguson)은 구원 서정의 사슬 구조를 체계화한 대표적인 청교도 윌리엄 퍼킨스(William Perkins)의 체계에 대해, "불건전한 주관주의가 배태되고 따라서 관심과 신앙의 초점이 예수 그리스도가 아니라 구원의 사슬상 현재의 체험에" 두는 일이 있음을 지적했습니다.[8] 즉 신앙의 관심과 초점이 예수 그리스도가 아니라 구원 서정의 사슬 구조 속에서 현재의 체험을 주목하는 데 맞추어질 수 있다는 것입니다.

'이미'와 '아직 아니'의 종말론적 긴장 구조를 알아야 한다

직선적인 구원 서정의 구조 안에서 놓치기 쉬운 중요한 사실이 한 가지 더 있습니다. 그것은 신약성경에서 구원을 말할 때 전제하는 소위 종말론적인 긴장 구조입니다. 성경은 우리의 구원을 '이미'와 '아직 아니'라고 하는 종말론적인 긴장 구조 안에서 이야기합니다. 즉 성경은 우리의 모든 구원이 그리스도 안에서 '이미' 이루어졌지만 '아직' 온전히 이루어지지는 않은 것으로 설명합니다.

그런데 직선적인 구원 서정의 설명 안에서는 이 긴장이 배제됩니다. 구원을 원인론적 사실 구조 속에서 보면, 이미 시작된 구원의 각 국면들 하나하나가 그 자체로서 완전하고, 서로 분리되며, 완전히 성취되는 것으로 이해되기 쉽습니다. 예를 들어, 거듭남의 끝에 이르면 믿음이 시작되고, 거듭났으므로 회심이 있어야 하고, 회심을 했으면 성화가 있어야 한다는 식입니다. 종말론적 긴장이 무시되면 극단적인 칼빈주의, 곧 하나님의 주권을 핑계로 나태해지는 율법폐기론이 나올 수 있습니다.

실제로 많은 신자가 종말론적인 긴장이 사라질 때 스스로 "나는 구원을 받았다"라고 하며 뒤로 물러나 게으르고 나태하게 행하는 모습을 보입니다. 많은 사람이 구원을 받는 문제, 즉 거듭나고 회심하고 의롭다 하심을 얻는 문제에는 깊이 몰입하고 열심을 내면서도 그 이상의 변화와 성숙에는 관심을 기울이지 않는 이유는 그 신앙에 종말론적인 긴장이 없기 때문입니다.

이러한 신앙의 모습은 신약성경의 가르침에서 다소 벗어나 있는 것입니다. 성경은 구원의 모든 국면을 아직 도달해야 할 완성을 앞에 두고 있는 것으로 말합니다. 즉 '이미'와 '아직 아니'의 구조 안에서 우리의 모든 구원을 말합니다. 이에 대해서 싱클레어 퍼거슨은 다음과 같이 말했습니다.

"구원론의 각 측면에는 종말론적인 구조, 곧 '이미와 아직 아니'(already, not-yet)의 구조가 들어 있다. 중생이란 현재적인 실재이지만 이것 역시 완성을 기다리고 있다(마 19:28). 성화 역시 죄의 지배로부터 이미 급격하게 그리고 단번에 결별이 이루어졌지만(고전 6:11; 롬 6:14) 이것 역시 완성을 향해서 점진적으로 발전하고 있다(살전 5:23). 영화 역시 미래에 완성되겠지만 어떤 의미에서는 이미 그리고 지금 은혜와 영광의 성령이 임재하심을 통해서 시작되었다(고후 4:18; 롬 8:28; 벧전 4:18).

주의 깊게 표현해야겠지만 칭의 역시 이미 완성되고 완벽한 실제이면서 또한 완성을 기다리고 있다는 점이 사실이다. 양자 됨 역시 그와 마찬가지 방식으로 소위 우리 몸의 구속 곧 아들로 양자 됨(롬 8:23)을 인내심을 가지고 기다려서 받을 때 새로운 단계로 들어갈 것이다.

이와 마찬가지로 믿는 자들은 번복될 수 없는 최종적인 의롭다 함을 이미 받았으나 자신에게 주어진 것을 받기 위해서 그리스도의 심판대 앞에 서야만 한다(고후 5:10). 그리하여 주님이 의로우신 재판장으로서 그분의 능력 안에서 의의 면류관을 그의 나타나심을 사모하는 모든 사람에게(딤후 4:8) 주실 것이다. 그러므로 나무랄 데 없는 개혁주의 문서인 『웨스트민스터 소요리문답』은 다음과 같이 말한다. 부활 시에 영광 가운데 들려 올린 신자들은 심판 날에 공개적으로 인정되고 무죄 선고를 받을 것이다."9)

모든 구원 과정의 기초이자 틀은 '그리스도 안에서' 연합이다

그러므로 우리는 구원을 직선적인 구원 서정의 틀 안에서만 볼 것이 아니라 구원 전반을 '그리스도 안에서'로 말하는 성경의 가르침에 주목해 그리스도와의 연합 속에서 구원의 모든 것을 갖게 된다는 사실을 생각해야 합니다. 존 머레이는 이와 관련해 다음과 같이 말했습니다.

"그리스도와의 연합은 창세전에 성부 하나님의 선택에 뿌리를 박고 있고, 하나님의 자녀들이 영화롭게 되는 것으로 결실한다. 하나님의 백성들의 지평은 광대하고 장구하다. 공간과 시간에 갇혀 있지 않고 영원까지 이른다. 하나님의 백성들의 시야는 두 개의 초점을 따라 궤적을 그린다. 하나는 영원한 경륜 속에 있는 성부 하나님의 택정하신 사랑이고, 다른 하나는 그리스도의 영광이 나타날 때에 그리스도와 더불어 누리는 영광이다. 전자는 그 시작이 없고, 후자 역시 그 끝을 모른다. ……

신자들이……현재의 당하는 여러 어려움과 당혹스러움에도 불구하고 그렇게 인내할 수 있는 것은 무엇 때문인가? 신자들로 하여금 큰 확신으로 장래를 바라보고 하나님의 영광의 소망 가운데 즐거워할 수 있도록 하는 것은 무엇인가? 그것은 그들이 항상 그리스도와의 연합을 기초로 과거를 돌아보고, 현재를 살아가고, 장래를 바라보기 때문이다."[10]

성경이 말하는 그리스도와의 연합은 영원부터 영원까지, 곧 이 세상이 창조되기 전부터 미래의 영광에까지 걸쳐 있습니다. 그리스도와의 연합은 구체적으로 첫째, 창세전 하나님 아버지의 영원한 계획과 관련된 연합, 둘째, 2,000년 전 그리스도의 죽으심과 부활로 단번에 성취된 구속사적 사건에서의 연합, 셋째, 성령에 의한 구원의 적용과 관련해 현재적이고 실존적인 차원의 연합 등 3가지로 나누어 설명할 수 있습니다.

그리스도와의 연합은 우리 구원의 모든 것을 갖게 하는 환경이요, 틀이 됩니다. 그래서 바울도 에베소서 1장 3절에서 모든 신령한 복을 그리스도 안에서 우리에게 주셨다고 말한 것입니다. 모든 영적인 복은 각각 나름대로 독특한 완성 가능성을 가진 것들이지만, 오직 성령께서 우리를 그리스도와 연합되게 하심으로써만 지금 여기에서 실제적으로 우리의 소유가 됩니다. 우리가 성령에 의해 그리스도와 연합되지 않는다면 그리스도께서 성취하신 것은 우리에게 구체적인 복으로 소유되지 못합니다. 이와 관련해서 존 칼빈은 이렇게 말했습니다.

"성부께서 그리스도 자신이 개인적인 용도로 사용하도록 하기 위해서가 아니라 가난하고 빈궁한 사람들을 부요하게 하기 위하여 독생자에게 주신 그 유익들을 어떻게 받는가? ……그리스도께서 우리 밖에 머물러 계시고 우리가 그에게서 떨어져 있는 한 그가 인류 구원을 위해 고난을 받으시고 친히 행하신 모든 일들은 우리에게 쓸모없고 무가치한 것임을 깨달아 알아야만 한다.

그러므로 그는 성부께 받으신 것을 우리와 함께 나누시기 위해 우리를 소유하시고 우리 안에 거하셔야만 했다. 이런 이유 때문에 그는 '우리의 머리'(엡 4:15)와 '많은 형제 중에서 맏아들'(롬 8:29)로 불리신다. 왜냐하면……우리가 그와 한 몸이 되는 데까지 성장하지 않는 한 그가 가지신 모든 것은 우리에게 아무런 상관도 없게 되기 때문이다."[11]

우리가 그리스도께서 2,000년 전에 이루신 구속의 대상이 되기 위해서는 그리스도와의 연합이 있어야 하고, 그 연합을 이루시는 분이 바로 성령이십니다. 성령 하나님은 그리스도께서 우리의 구원을 위해 이루신 모든 것을 그리스도와 우리의 연합을 통해 우리에게 적용하시는 실무자이십니다.

성령에 의한 구원 사역이란 성령께서 독자적으로 우리를 부르시고, 거듭나게 하시고, 회심시키시고, 의롭다 하시고, 거룩하게 하시고, 영화롭게 하시는 것이 결코 아닙니다. 다만 성령은 우리를 그리스도와 연합하게 하심으로 그리스도께서 이루신 것을 우리에게 가져다주십니다.

과거의 신학자들은 그리스도와의 연합을 구원 서정의 한 국면으로 보는 일이 많았습니다. 어떤 이들은 그리스도와의 연합을 구원 서정의 가장 앞에 두었고, 다른 이들은 제일 끝에 놓기도 했습니다. 또 연합을 성령에 의해 구원을 실존적이고 경험적으로 갖게 되는 것으로 여겨, 구원의 순서에서 '믿음' 뒤에 '그리스도와의 연합'을 넣기도 했습니다.

하지만 그리스도와의 연합은 구원의 한 순서이기보다 모든 과정의 기초이자 배경이라고 할 수 있습니다. 그리스도와의 연합 속에서 창세전 계획부터 십자가에서 이루신 대속적인 죽음 등 구원을 위한 모든 것이 성령에 의해 우리를 위한 것이 되며, 우리 안에 있게 됩니다. 이것은 분명 구원의 순서에 놓기에는 너무 큽니다. 강웅산 교수는 이에 대해 "그리스도와의 연합은 구원의 근원(fountain)이요, 출발이고, 현장이고, 환경(reality)이고, 목적(end)이고, 방향이다. 영원 전부터 지금 현재에도, 그리고 영원 끝까지 그리스도와의 연합 안에 구원이 있다"라고 말했습니다.[12]

그리스도와의 연합의 5가지 특징

어떤 사람들은 성령께서 이루시는 그리스도와 우리의 연합을 그저 관념적인 것으로 생각합니다. 신비주의자들은 '신인합일'로 여기기도 합니다. 그야말로 그리스도와 우리 사이의 구분이 사라질 정도로 합일된다는 것입니다.

그러나 성경은 연합을 그렇게 말하지 않습니다. 성경은 구약에서부터 연합에 대한 풍성한 진리를 전해 줍니다. 하나님은 아담과 하와를 처음 창조하실 때 서로 한 몸을 이룰 것을 말씀하셨습니다(창 2:24). 이처럼 부부가 서로 한 몸이 되는 것에서부터 하나님과 그분의 백성 사이에 맺어진 언약들에는 하나님과 그분의 백성 사이의 연합 개념이 담겨 있었습니다.

또 이스라엘의 대제사장이 하나님 앞에 백성을 대표해서 나아가는 것도 백성과 대제사장의 연합을 기초로 이루어진 일이었습니다. 이사야 53장에 기록된 '고난받는 종'이 죄인들과 동일시되고 그들 대신 죄를 담당하는 모습에도 연합 개념이 담겨 있습니다.

신약성경에서도 연합 개념은 계속 등장합니다. 요한복음 17장은 성부, 성자, 성령 삼위 하나님 사이의 연합을 말합니다. 요한복음 1장은 그리스도를 신성과 인성이 연합된 독특한 존재로 말하며, 로마서 5장은 아담이 인류의 머리로서 그의 후손과 연합되어 있기 때문에 아담의 범죄로 후손 모두가 함께 타락한 자로서 죄인으로 태어난다고 말합니다. 에베소서 5장은 남편과 아내의 연합을 그리스도와 교회의 연합을 상징하는 것으로 말합니다.

성경의 또 다른 곳에서는 몸의 모든 지체가 한 몸으로 연합된 것처럼 그리스도를 머리로 한 교회는 그리스도와 그분께 속한 모든 이가 그분의 지체로서 연합되어 있다고 말합니다(고전 12장). 그뿐 아니라 성경은 몸과 영혼의 연합을 말하기도 하고(약 2:26), 포도나무의 줄기와 가지의 관계와 같은 그리스도와 우리의 연합을 말하기도 합니다(요 15장).

성경은 이렇게 많은 곳에서 연합을 말합니다. 하지만 이 연합들을 모두 동일한 것으로 생각할 수는 없습니다. 특히 우리와 그리스도 사이의 연합은 삼위 하나님의 연합처럼 존재적인 연합이 아니며, 그리스도께서 한 인격 안에 신성과 인성을 가지신 것같이 우리가 그리스도와 연합되어 그와 같은 신성까지 갖게 되는 것은 아닙니다. 물론 우리와 그리스도의 연합이 상징이나 비유적인 표현, 가상적인 이론인 것도 아닙니다.

그리스도와 우리의 연합은 각각의 인격이 개별성을 가지고 있으면서도, 실제적으로 그리스도께서 우리를 위해 이루시고 얻으신 모든 것을 공유하고 교감하는 친밀한 연합이며, 영적이고 실제적인 연합입니다.

그리스도와 우리 사이의 연합의 특성은 5가지로 정리해서 설명할 수 있습니다.

- **언약적인 연합**

첫째, 그리스도와 우리의 연합은 언약적인 연합입니다. 그리스도와 우리는 창세전부터 언약 안에서 연합되었고, 십자가에서 구원을 성취하실 때도, 구속의 적용에 있어서도, 최종적인 구원에 이르기까지 언약 속에서 연합되어 있습니다.

누구나 자연인으로서 태어날 때는 인류의 머리인 아담과 연합되어 있습니다. 하지만 그리스도 안에서 선택된 백성, 곧 예수 그리스도를 믿는 자는 둘째 아담이신 그리스도와 연합됩니다. 그리스도께서는 아담이 범죄했던 일을 하지 않으시고, 또 아담이 잃은 것을 다시 얻으시어 그분과 연합된 우리가 자신의 것들을 갖도록 하십니다. 우리는 아담 안에서 죄책과 부패를 가지고 있고, 아담과 함께 영생의 복과 영광을 잃은 자였으나 그리스도와 연합함으로써 그리스도께서 이루시고 얻으신 것을 함께 갖게 됩니다.

우리는 로마서 5장에서 말하는 것처럼, 그리스도와의 언약적인 연합 속에서 그분의 순종을 통해 생명 안에서 왕 노릇 합니다. 우리는 언약적인 연합으로 그리스도 안에 있음으로써 그리스도께서 십자가에서 이루신 우리 밖의 것을 효력 있게 소유하게 됩니다.

• 그리스도의 성육신 안에서의 연합

둘째, 그리스도와 우리의 연합은 그리스도의 성육신 안에서의 연합입니다. 어떤 사람들은 이것을 '육체적인 연합'이라고도 부릅니다. 하나님이 계획하신 구속 언약이 실현되어 구원의 모든 축복이 우리에게 주어지기 위해서는 우리의 대표자이신 그리스도께서 육신을 입고 이 땅에 오셔야 했습니다. 그리스도께서 구원하실 자들은 혈육에 속한 우리이기 때문에 그분 또한 우리와 같은 혈육을 입으시고 우리를 대표해 우리의 죄를 담당하신 것입니다.

무한 불변하시고 영원하셔서 시간적, 공간적으로 제한을 받지 않으시는 성자 하나님이 우리의 구원을 위해서, 우리가 지은 죄를 짊어지기 위해서 우리와 같은 몸을 입으셨습니다. 하나님이신 성자께서 스스로 우리와 동일한 인성을 취하시어 우리와 연합하신 것입니다.

"자녀들은 혈과 육에 속하였으매 그도 또한 같은 모양으로 혈과 육을 함께 지니심은 죽음을 통하여 죽음의 세력을 잡은 자 곧 마귀를 멸하시며 또 죽기를 무서워하므로 한평생 매여 종노릇하는 모든 자들을 놓아 주려 하심이니"(히 2:14-15).

영원하신 하나님이 우리의 죄를 대속하시기 위해 우리의 죄를 대신 짊어질 수 있는 조건으로서 우리와 같은 혈과 육을 입으신 것이 바로 성육신입니다. 그리스도의 성육신은 구원하시는 주님과 구원받는 우리 사이의 연합의 기초가 됩니다. 그리스도께서는 이에 기초해 우리와 연합하신 분으로서 하나님과 우리 사이에 다리를 놓는 중보자가 되셨습니다.

• 영적인 연합

셋째, 그리스도와 우리의 연합에서 무엇보다 주목해야 할 특징은 영적인 연합이라는 사실입니다. '영적'이라는 말이 막연하게 들릴 수 있습니다. 일반적으로 성경에서 '영적'이라는 말은 '성령에 의한 어떤 것'이라는 의미로 사용됩니다. 따라서 영적인 연합이란 '성령에 의해서 이루어지는 연합'이라는 의미를 갖습니다.

성령 하나님은 그리스도의 영으로서 우리에게 오시고 우리 안에 내주하심으로써 그리스도와 우리를 연합하게 하십니다. 그리스도께서는 성령을 자신의 영으로 보내셔서 성령을 통해 우리 안에 거하십니다. 그리고 우리 안에 계시는 영으로 말미암아 우리 또한 그리스도 안에 거하게 됩니다. 이렇듯 그리스도와 우리의 연합은 성령께서 이루시는 것입니다.

이 연합은 우리의 정체성과 자의식을 상실하게 하거나 우리 존재의 일부에 부분적인 영향만 미치는 것이 아닙니다. 우리의 고유한 인격과 전 존재가 그리스도와 연합하는 것입니다. 우리는 이 연합으로써 삶 전체에 변화를 경험합니다. 예수 믿는 사람, 그리스도와 연합된 사람, 신자는 감정으로만 아니라 거듭나게 하시고, 회심하게 하시고, 거룩하게 하시고, 영화롭게 하시는 모든 구원의 서정에서 전인격적으로 영적인 변화에 참여하게 됩니다.

또한 그리스도와의 연합에 있어서 성령은 그리스도께서 이루시어 우리에게 주시는 구원의 모든 은총을 가져다주심으로 그리스도와 우리를 연합하게 하는 역할만 하시는 것이 아닙니다. 성령 하나님은 이 연합 상태에서 계속해서 그리스도와 우리 사이에 교통하시는 교통 그 자체가 되십니다.

우리는 공예배의 마지막에 고린도후서의 말씀을 인용해 축도를 합니다. 그중에서 '성령의 교통하심'이라는 말에는 성령 하나님이 그리스도께서 이루신 모든 것을 우리에게 가져다주시고, 또 그것을 계속 누리도록 우리 안에서 구원 적용의 모든 일을 행하신다는 의미가 내포되어 있습니다. 즉 우리와 그리스도의 연합 속에서 성령은 연합하게 하시고, 친히 연합의 띠가 되셔서 그리스도께서 이루신 구원의 모든 선물과 은총을 우리로 하여금 누리게 하십니다. 우리가 그리스도 안에 있는 자로서 신앙의 생기를 갖게 하시고, 그리스도와의 부요한 관계를 누리게 하십니다.

우리는 성령으로 말미암은 연합을 떠나서는 구원을 생각할 수 없습니다. 이런 면에서 영적인 연합은 아주 놀랍고 귀한 진리입니다.

• **신비적인 연합**

넷째, 그리스도와 우리의 연합은 신비적인 연합이라고 할 수 있습니다. 이는 신비주의자들이 생각하는 것처럼 존재의 결합으로 신인합일을 이룬다는 의미가 아닙니다. 또 단순히 그리스도와 우리의 연합 가운데 설명하기 어려운 요소가 많다는 의미도 아닙니다. 물론 우리는 성령에 의해 이루어지는 교통하심의 실체를 다 파악하기 어렵습니다. 이 연합 속에서 성령께서 하시는 비밀스러운 일을 다 헤아리기란 불가능합니다.

우리가 '신비적'이라고 할 때의 강조점은 그리스도와 우리의 연합의 실체를 헤아리기 어렵다는 것보다 이 놀라운 연합의 신비가 감추어져 있던 것인데 마침내 드러났다는 사실에 있습니다.

바울은 자신의 복음을 설명할 때도 '신비'라는 표현을 사용했습니다.

> "나의 복음과 예수 그리스도를 전파함은 영세 전부터 감추어졌다가 이제는 나타내신바 되었으며 영원하신 하나님의 명을 따라 선지자들의 글로 말미암아 모든 민족이 믿어 순종하게 하시려고 알게 하신바 그 신비의 계시를 따라 된 것이니"(롬 16:25-26).

하나님의 뜻과 계획 가운데서 숨겨졌던 것을 하나님의 명을 따라 나타내는 것이라는 차원에서 자신의 복음을 '신비의 계시'라고 한 것입니다. 신자와 그리스도의 연합을 신비적인 연합이라고 할 때 '신비'의 의미도 이와 같습니다. 우리와 그리스도의 연합이 신비적인 연합인 이유는 성자께서 친히 육신을 입고 이 땅에 오시어 우리와 연합하신 것이 감추어져 있던 하나님의 뜻이 드러난 일이기 때문입니다. 연합은 그런 경륜에 따른 결과이기 때문에 신비적입니다.

바울은 바로 이러한 맥락에서 에베소서에서 그리스도와 교회의 연합을 말하면서 "이 비밀[신비]이 크도다"(엡 5:32)라고 말했습니다. 하나님이 그리스도와 교회의 관계로써 드러내시는 신비에 탄복했던 것입니다. 또한 바울은 골로새서에서 하나님의 경륜 속에 만세와 만대로부터 감추어졌던 비밀, 곧 신비가 때가 되어 그분의 성도들에게 드러나 알려지게 되었다고 말하면서, 이 비밀은 '너희 안에 계신 그리스도'라고 했습니다(골 1:26-27).

그리스도도 신비이시고, 그분이 우리 안에 계시는 연합도 신비입니다. 이처럼 감추어졌던 신비가 그리스도의 인격으로만 아니라 그리스도와 우리의 연합으로 나타났기 때문에 그리스도와 우리의 연합은 신비로운 연합이라고 할 수 있습니다.

하나님이 이루실 구원은 역사 속에서 계획되고 예언되었다가, 하나님의 아들이 이 땅에 오셔서 육신을 입으시고 예언대로 구속을 성취하신 후 성령에 의해 실재가 되었습니다. 감추어졌던 것이 실재가 되어 역사 속에서 드러나 우리가 그리스도와 연합하게 된 것입니다. 우리는 이처럼 엄청난 신비에 참여하게 되었습니다.

하지만 성경이 말하는 이 신비는 '아직 아니'의 요소를 담고 있습니다. 우리가 창세전에 그리스도 안에서 작정되고, 그리스도와 함께 장사되고, 다시 살아나 지금 그리스도 안에 사는 것 모두가 신비이지만, 신비의 실체가 아직 다 드러나지는 않았습니다. 종말론적인 성격을 띤 이 신비에는 아직도 점진적으로 더 드러날 실체가 있습니다.

요컨대 그리스도와의 신비적인 연합은 구속 역사 속에 드러난 동시에 아직 다 나타나지 않은 종말론적인 의미가 담긴, 그야말로 비밀스러운 연합입니다. 그리스도와 우리의 연합은 창세전부터 시작해서 그리스도 안에서 영원한 구원으로 이어지는 영원한 연합입니다. 신자는 이 연합에 참여한 자이며, 궁극적인 실체를 앞에 두고 있는 자입니다.

우리는 그것을 완성된 상태에서 목격하고 확인할 때에야 비로소 연합의 실체를 온전히 보게 될 것입니다.

이것은 참으로 경이로운 사실입니다. 이 연합의 신비는 우리가 장차 완성될 하나님 나라에서 발견하고 영원히 놀라게 될 대상 중에 하나입니다.

• **생명적인 연합**

마지막으로, 그리스도와 우리의 연합은 생명적인 연합입니다. 포도나무의 가지가 줄기에 붙어 있어 그로부터 흘러나오는 생명을 소유하듯이, 그리스도와 연합한 자는 그리스도의 생명을 소유합니다. 성령은 우리가 그리스도 안에서 그분의 생명으로 살도록 하십니다. 예수님이 믿는 자에게 "영생을 얻었느니라"라고 하신 말씀에서(요 5:24) '영생'은 그리스도 자신의 생명을 의미합니다. 예수 믿는 개개인은 그리스도와의 연합 속에서 그분의 생명을 누립니다. 우리와 그리스도의 연합은 개인적인 연합이며, 그리스도의 생명을 같이 소유하게 하는 생명적인 연합입니다.

그런데 바울은 골로새서에서 이 생명이 그리스도와 함께 하나님 안에 감추어져 있다고 말했습니다(골 3:3). 이 생명은 종말론적인 것으로서, '이미' 얻은 것인 동시에 '아직 아니'의 성격이 있음을 말한 것입니다. 그리스도와의 생명적인 연합으로 이미 얻은 신자의 생명이 그리스도와 함께 하나님 안에 감추어져 있다는 것은 아직 우리가 그 부요함을 온전히 누리지 못하고 있음을 의미합니다.

　우리를 구속해 주신 그리스도와 함께 감추어져 있는 생명은 과연 어떤 것일지 생각해 보십시오. 그것은 우리의 생명의 근원이신 그리스도와 함께 영원히 누리는 생명입니다. 우리는 그리스도와 연합한 자로서 그리스도와 함께 교제하며 그분의 부요하심을 누리게 될 것입니다. 그러므로 그리스도의 구속을 통해 우리가 얻은 생명은 그리스도만큼 복되고 영광스러운 것입니다. 우리와 연합된 그리스도께서 그러하신 만큼 우리의 구원도 영광스럽고 복된 것입니다.

그리스도 중심적인 구원을 누리자

　이런 이유 때문에 우리는 우리의 구원을 당장 나에게 어떤 경험과 변화가 있었느냐는 문제로 국한시킬 수 없습니다. 그런 내용들은 오히려 결과적인 것입니다. 우리가 얻은 구원의 가치는 우리 구원의 시작과 중심에 계신 그리스도, 우리와 연합하신 그리스도께 있습니다. 그리스도와 연합해 그분의 생명을 얻어 누리는 우리의 구원은 그리스도 자신만큼 복되고 영광스러운 것입니다.

　물론 우리는 그리스도 안에서 복되고도 영광스러운 구원을 얻게 되었음을 "아멘"으로 받아들이면서도 막상 현실에서는 신자로서 소유한 구원의 복됨과 영광스러움을 충분히 누리지 못할 때가 많습니다. 그렇다고 해도 그리스도와 연합된 자의 구원이 흔들리거나 무너지는 것은 아닙니다. 우리의 구원은 그리스도의 존재만큼이나 변함없이 값지고 복된 것입니다.

다른 무엇보다 우리와 그분의 친밀한 연합을 생각해 보십시오. 언약 안에서 영원부터 영원까지 우리가 그리스도의 소유가 되고, 그분의 생명을 소유하게 되는 연합을 생각하십시오. 성령은 우리로 하여금 그리스도와의 연합 안에서 그리스도께 의지해 그리스도의 부요함을 누리게 하십니다.

우리는 그리스도와의 연합 속에서 신자 된 우리의 존재와 가치, 예수 믿는 것의 가치를 보아야 합니다. 우리는 세상에서 많은 결핍과 부족이 있을 수 있고, 여러 한계를 경험할 수도 있으며, 심지어 다른 사람들에게 무시당할 수도 있습니다. 환경적인 문제나 내적인 어려움, 육신의 질병과 고통 때문에 마음이 좌절될 때도 있습니다. 그러나 신자는 그것이 전부가 아니라는 사실을 알고 있습니다. 우리는 영원부터 영원까지 그리스도와 연합한 자로서, 그분의 존재만큼이나 값지고 복된 구원을 소유한 자들입니다. 이것이 예수 믿는 자의 참된 실체입니다.

신자 된 우리 모두가 이 실체를 조금이라도 더 알고 구원의 복됨 안에서 삶을 살기를 바랍니다. 하나님이 우리에게 허락하신 구원의 가치를 제대로 알고 누릴 수 있기를 바랍니다.

9장

그리스도 안에서의 혜택
_ **그리스도의 것이 우리의 것**

"찬송하리로다 하나님 곧 우리 주 예수 그리스도의 아버지께서 그리스도 안에서 하늘에 속한 모든 신령한 복을 우리에게 주시되 곧 창세전에 그리스도 안에서 우리를 택하사 우리로 사랑 안에서 그 앞에 거룩하고 흠이 없게 하시려고"(엡 1:3-4).

"그러므로 우리가 그의 죽으심과 합하여 세례를 받음으로 그와 함께 장사되었나니 이는 아버지의 영광으로 말미암아 그리스도를 죽은 자 가운데서 살리심과 같이 우리로 또한 새 생명 가운데서 행하게 하려 함이라"(롬 6:4).

성경은 그리스도 중심성을 분명히 가르친다

성경은 우리의 구원 전반을 '그리스도 안에서'로 말합니다. 성부 하나님의 선택부터 성령 하나님이 구원을 적용하시는 사역까지 모든 것을 '그리스도 안에서'로 말하고 있습니다. 앞 장에서부터 우리는 '그리스도 안에서'라는 표현의 3가지 의미 중 두 번째 내용으로서, 우리의 구원이 그리스도와의 연합 속에서 있게 된다는 내용을 살피고 있습니다.

성경은 그리스도와의 연합을 구원 서정의 한 국면이 아니라 모든 구원 서정의 배경이요, 틀로 가르칩니다. 구원의 모든 내용이 그리스도와의 연합으로 말미암는다는 성경의 가르침은 무엇보다 구원의 그리스도 중심성을 분명하게 합니다. 구원을 추구하는 자가 이 점을 놓치면 구원 서정의 각 국면을 독립적인 실체로 생각하고, 그 국면에 해당하는 주관적인 체험에 몰두하는 기형적인 신앙을 갖게 될 수 있습니다. 또 그러한 신앙은 성경이 가르치는 구원의 종말론적인 긴장도 간과하기 쉽습니다.

물론 청교도들이나 개혁파 정통주의자들의 구원 서정이 모두 잘못되었다고 단정할 수는 없습니다. 그런 극단적인 태도는 바람직하지 않습니다. 하지만 그들을 따르는 기존의 조직신학적 구원 서정 이해는 구원을 인과론적인 과정으로 설명하는 경향이 강하기 때문에, 구원의 특정 국면의 경험에 대해 그리스도와 분리된 이해를 부추길 소지가 있습니다.

이런 이유로 성경신학적인 구원 서정 이해를 통한 균형이 필요합니다. 우리는 이러한 균형 안에서 구원 서정의 어떤 국면에 대해 말하더라도 종말론적인 긴장과 그리스도 중심성을 견지해야 합니다.

그리스도와의 연합은 구원의 흔들리지 않는 기초와 근거가 된다

앞서 5장에서 다루었듯이, 그리스도께서 말씀하신 "[구약성경에] 나를 가리켜 기록된 모든 것"(눅 24:44)에는 두 가지 내용이 포함되어 있습니다. 그리스도의 죽음과 부활에 대한 것(46절)과 그분이 보내실 성령에 의해 구원의 적용이 이루어질 것(47절)입니다. 우리가 경험하는 구원 역시 그리스도에 대한 예언의 성취로 있게 된다는 것입니다.

우리는 그리스도와의 연합이라는 틀과 배경 안에서 그리스도에 대한 예언의 성취를 경험합니다. 그리스도와의 연합 안에서 구원을 경험하기 때문에 이를 바르게 이해하는 것은 매우 중요합니다. 앞서 살핀 대로 이 연합은 언약적인 연합이고, 그리스도의 성육신으로써 있게 된 육체적인 연합이며, 영적인 연합이고, 신비적인 연합이고, 생명적인 연합입니다.

또한 우리는 예수님의 말씀을 통해 우리와 그분의 연합이 영원성을 지닌 연합이라는 사실을 확인하게 됩니다. 예수님은 대제사장으로서 기도하실 때 "아버지여 내게 주신 자도 나 있는 곳에 나와 함께 있어 아버지께서 창세전부터 나를 사랑하시므로 내게 주신 나의 영광을 그들로 보게 하시기를 원하옵나이다"(요 17:24)라고 하셨습니다. 여기서 예수님은 자신과의 연합을 통해 자신에게 속한 자들도 자신이 있는 곳에 함께 있게 될 영원한 구원에 대해 말씀하셨습니다. 즉 창세전에 우리를 택하신 것으로부터 시작된 그리스도 안에서의 구원은 장래에도 영원하리라는 것입니다.

강웅산 교수는 이에 대해 "그리스도와의 연합은 구원의 근원이요, 출발이고, 현장이고, 환경이고, 목적이고, 방향이다. 영원 전부터 지금 현재에도, 그리고 영원 끝까지 그리스도와의 연합 안에 구원이 있다"라고 말했습니다.

에베소서 1장 3-14절에서 바울이 우리의 구원을 '그리스도 안에서'로 말한 것은 우리의 구원이 그리스도와의 연합으로써 있게 된다는 의미만이 아니라 그 연합 안에서 영원하리라는 것 또한 알려 줍니다. 우리의 구원은 창세전 하나님의 계획으로부터 그리스도 안에서 시작되고, 그리스도 안에서 성취되며, 영원히 그리스도와 함께 있게 되는 구원입니다.

우리의 구원은 영원 전부터 영원까지 그리스도를 떠나서는 말할 수도, 생각할 수도 없습니다. 성경이 말하는 우리의 구원은 철저하게 그리스도 중심적인 것입니다. 구원에서 이 사실을 배제하면 우리의 신앙은 방향을 잃고 맙니다.

신자는 그리스도와의 연합을 통해 구원을 체험적으로 소유한다

에베소서 1장은 그리스도와의 영원한 연합의 구체적인 내용을 세 개의 큰 덩어리로 말합니다. 첫 번째는 창세전 영원한 계획 안에 있는 그리스도와의 연합이고(엡 1:3-4, 11-12), 두 번째는 그리스도의 구속 사건 속에서의 연합입니다(7절). 세 번째는 성령의 구속 적용에서의 연합입니다(13-14절).

먼저, 하나님은 창세전부터 그리스도 안에서 우리를 택하셨습니다. 이것은 우리가 특별한 방법으로 그리스도께 속해 그리스도 안에 거하도록 하셨다는 사실을 말해 줍니다. 일찍이 그리스도와의 영원한 연합 속에서 그리스도의 사역의 축복을 누릴 수 있는 권리를 우리에게 주기로 계획하셨다는 것입니다.

이 장에서 주목해 볼 것은 두 번째 내용으로, 지금으로부터 2,000년 전 그리스도께서 십자가를 지신 구속 성취 사건에의 연합입니다. 그리스도의 구속 사건은 그리스도와의 영원한 연합으로 인해 우리를 위한 것으로 선언되었습니다(엡 1:7; 롬 6:1-10; 엡 2:5-6; 갈 2:20; 골 3:1-4 등). 우리는 그리스도와 연합함으로써 그분이 우리를 위해 이루신 모든 것에 동참합니다.

우리가 동참하게 될 놀라운 일들에 대해 생각해 보십시오. 그리스도와 함께 죽고, 장사되고, 다시 살리신바 되고, 또 하늘에 앉히신다는 등의 말이 의미하는 바를 깊이 생각해 보십시오. 우리의 구원은 이같이 놀라운 일들을 포함하고 있습니다. 성경은 그리스도께서 이루신 일에 참여하게 하는 그분과의 연합이 구원의 흔들리지 않는 기초와 근거라는 사실을 반복해서 강조합니다.

그리스도의 구속 사건을 연합의 관점에서 볼 때 우리는 그 사건이 가진 놀라운 의미와 복음의 진수를 깨닫게 됩니다. 그것이 바로 성경이 말하는 구원의 핵심이요, 기독교의 가장 복된 내용입니다.

그리스도를 믿어 세례 받을 때
그리스도와 실존적 연합이 이루어진다

특히 로마서 6장은 그리스도와 우리의 연합 안에서 우리가 그리스도께서 죽으시고, 부활하시고, 승천하신 것 등 구속 사건과 관련을 맺는다는 사실을 잘 말해 줍니다. 바울은 1-9절에서 우리가 예수 그리스도를 믿어 세례를 받음으로써 그리스도께서 죽으시고 부활하신 사건에 동참하게 되었다고 말했습니다. 3절에서는 우리가 그리스도 예수와 합하여 세례를 받았고 또 그분의 죽으심과 합하였다고 말했습니다. 뿐만 아니라 우리가 그분과 함께 장사되었고(4절), 그분과 함께 살 것이라고(8절) 말했습니다.

여기서 바울은 1세기 당시 예수 그리스도를 믿으면 곧바로 세례를 받았던 사실에 근거해 우리와 그리스도의 연합을 세례와 연관 지어 설명했습니다. 물에 잠겼다가 나오는 세례를 그리스도께서 죽으셨다가 생명으로 부활하신 사건과 연관 지어, 예수 그리스도를 믿어 세례를 받을 때 그리스도와 실존적이고 현실적으로 연합하게 된다고 말한 것입니다.

오늘날에는 세례가 형식화되어 세례를 받을 의향이 있는 사람에게 몇 가지 질문을 하고 이에 답하면 세례를 베푸는 경우가 많습니다. 그렇다 보니 교회 안에 있는 사람들에게는 진실로 예수를 믿어 즉시 세례를 받음으로써 그리스도와 실존적인 연합을 갖게 된다는 바울의 설명이 와 닿지 않을 수 있습니다. 세례를 형식적이고 값싼 것으로 취급하다 보니 예수를 진실로 믿어서 세례 받는 자들이 경험하는 그리스도와의 연합이 가진 실존적인 의미가 무시당하는 현실이 되어 가고 있는 것입니다.

결국 값싼 세례로 인해 사실상 그리스도와의 연합 속에 있는 구원도 등한히 여기면서 신자임을 자처하고, 심지어 구원을 확신한다고 하거나 천국에 대한 소망을 말하는 모순까지 발생하고 있습니다. 이것은 참으로 기만적이고 왜곡된 신앙의 모습입니다.

바울은 우리가 믿어 세례 받을 때 단순한 상징이 아니라 실제적으로 그리스도와의 연합을 경험하며 누린다고 말했습니다. 세례는 신자가 그리스도와의 연합을 통해 놀랍고 신비스러운 구원을 체험적으로 소유하게 된다는 사실을 보여 주는 것입니다.

우리는 그리스도와의 연합 안에서 주님의 것을 얻는다

바울은 에베소서 1장 7절, 2장 5-6절, 로마서 6장 등에서 우리와 그리스도의 연합을 그리스도의 죽음과 부활과 같은 구속 사건에 연합하는 것으로 말했습니다. 그리스도와 함께 죽고 다시 살리심을 받았다고 이야기한 것입니다.

우리는 그리스도를 믿을 때 죄 사함과 새 생명을 얻습니다. 하지만 그것은 어디까지나 그리스도께서 2,000년 전에 죽으시고 부활하신 것에 기초를 둔 것입니다. 일차적으로 중요한 것은 2,000년 전에 우리가 그리스도 안에서 구속된 것입니다. 지금 우리는 그것에 기초해 그리스도 안에서 모든 유익을 얻는 것입니다.

성경은 이에 대해 다양하게 이야기합니다. 먼저 바울은 2,000년 전 그리스도께서 전 생애를 통해 하나님께 온전히 순종하신 것이 우리의 순종으로 여겨진다고 말했습니다. 그분의 순종하심으로 우리가 의인이 된다는 것입니다(롬 5:19).

기독교의 구원은 막연한 정신수양을 통한 것이 아니라 하나님이 구원을 위해 전개해 오신 역사적인 실체에 따른 것입니다. 그리고 그 실체의 중심에는 그리스도께서 행하신 일이 있습니다. 그리스도께서는 성육신하셔서 전 삶을 통해서 하나님께 온전히 순종하셨습니다. 이것이 우리 구원의 기초입니다. 그리스도와의 연합 속에서 그분의 순종이 우리의 것으로 여겨지기 때문입니다.

반면에 고린도후서 5장 21절이나 이사야 53장 6절 등은 우리의 죄가 그리스도께 속한 것으로 말합니다. 그리스도께서 우리의 죄를 위해 죽으심으로써 우리의 죄를 처리하셨다는 것입니다. 아니, 우리의 죄뿐만 아니라 우리 자신이 그리스도의 죽으심과 함께 죽은 것으로 말합니다. 로마서 6장 6절은 우리의 옛 사람이 예수와 함께 십자가에 못 박힌 것으로 말하고, 갈라디아서 2장 20절은 "내가 그리스도와 함께 십자가에 못 박혔다"라고 말합니다. 연합 속에서 이렇게 말할 수 있는 것입니다.

또 로마서 6장 4-5절과 에베소서 2장 6절 등에서는 우리가 그리스도와 함께 장사되었으며, 하나님이 우리를 그리스도와 함께 살리시고, 그분과 함께 하늘에 앉히신 것으로 말합니다.

이 말씀들은 그리스도와의 연합으로 인해 그리스도께서 행하신 모든 구속 사건이 우리의 것이 되었음을 말해 줍니다. 우리는 성령께서 우리에게 구원을 적용하실 때 구원의 모든 복이 우리의 것이 되었음을 깨닫고 누리게 됩니다. 하지만 그 모든 것은 2,000년 전에 그리스도께서 우리를 위해 죽으시고 부활하심으로써 있게 된 것입니다.

성령은 바로 그것을 그리스도와의 연합 속에서 우리에게 적용하십니다.

그리스도께 일어난 것이 먼저라는 사실이 중요하며, 이 점이 우리의 구원에서 우선되어야 할 내용입니다. 우리는 그리스도와의 연합 속에서 죽으시고 살아나신 그리스도께 먼저 주목해야 합니다. 그분은 우리의 죄를 지고 죽으셨습니다. 그러나 그것으로 끝이 아니라 부활하시고 승천하시어 영광으로 들어가셨습니다.

이것은 일차적으로 우리의 죄를 지신 그리스도의 구원을 말합니다. 우리의 죄를 지고 죄인이 되신 주님이 얻으신 구원이 우리의 구원 앞에 있습니다. 우리의 구원은 그분과 연합되어 그분의 것을 얻음으로써 있는 것입니다.

그리스도께 일어난 것이 먼저입니다. 먼저 그리스도께서 우리의 죄를 지심으로써 저주 상태에 놓이셨고, 죄로 인한 저주 아래에서 죽으셨다가 살아나셨습니다. 곧 주께서 먼저 죄의 저주에서 은총으로, 구원으로, 생명으로 나아가신 것입니다.

그분과 연합함으로써 우리에게 있게 된 구원도 마찬가지입니다. 죄의 저주 아래 있던 우리는 그리스도와 함께 은총으로, 구원으로, 생명으로 나아가게 된 것입니다. 주님이 우리와 연합해 우리의 것을 담당하시고, 우리는 그분과의 연합 안에서 주님의 것을 얻는 것입니다. 바로 이것이 '그리스도 안에서', 또는 '그리스도와 함께'라는 말이 지시하는 그리스도와의 연합의 중요한 내용입니다.

그리스도 안에서 얻는 구원의 실체들

바울이 에베소서 1장 7절에서 우리가 그리스도 안에서 구속, 곧 속량받았다고 말한 것은 먼저 그리스도께 있었던 것을 우리가 그분과의 연합 속에서 갖게 되었다는 의미입니다. 우리의 죄를 지심으로 죄의 저주 아래 계셨던 주님이 부활하심으로써 먼저 구속되셨고, 그 구속을 우리가 그분과의 연합 속에서 얻게 된 것입니다. 이것을 '그리스도 안에서'라는 말로 표현한 것이며, '그리스도 안에서 속량받았다'라고 한 것입니다.

칭의도 그리스도 안에서 이루어집니다. 디모데전서 3장 16절은 그리스도께서 "영으로 의롭다 하심을 받으시고"라고 말합니다. 주님이 의롭다 하심을 받으신 것이 우리가 의롭다 하심을 받는 근거입니다. 우리와 연합되신 그리스도께서 우리의 죄를 지시고, 우리 대신 저주를 받고 죽으셨을 뿐만 아니라 부활을 통해 의롭다 하심을 받으셨습니다. 그리스도께서 의롭다 하심을 받으셨기 때문에 그분과 연합된 우리도 칭의 되었습니다.

양자 됨도 마찬가지입니다. 로마서 1장 3-4절은 그리스도께서 "육신으로는 다윗의 혈통에서 나셨고 성결의 영으로는 죽은 자들 가운데서 부활하사 능력으로 하나님의 아들로 선포되셨으니"라고 말합니다. 여기서 '하나님의 아들로 선포되셨다'라는 말은 그리스도께서 부활로써 자신의 신성을 증명하셨다는 의미가 아닙니다. 주님이 성결의 영으로 부활하사 하나님의 아들로 선포되신 것은 그분과 연합된 우리의 양자 됨을 위한 것입니다.

우리를 위해 육신을 입고 오신 그리스도께서는 우리의 죄를 지고 죽으셨을 뿐만 아니라 부활하심으로써 하나님의 아들로 선포되셨습니다. 그로써 우리와 연합하셔서 그 안에 있는 우리가 양자 되게 하셨습니다. 이 때문에 바울은 하나님이 우리가 하나님의 아들이 되도록 예정하신 것이 '예수 그리스도로 말미암아'라고 말했습니다(엡 1:5). 이처럼 우리가 하나님의 아들이 되는 것 역시 예수 그리스도로 말미암아, 즉 그분과 연합함으로써 되는 것입니다.

성화도 그와 같습니다. 바울은 로마서 6장 9-10절에서 우리의 죄를 짊어지신 주님이 우리와 같은 죄인의 조건에서 죄에 대해 단번에 죽고 다시 살아나셔서 사망이 다시 그분을 주장하지 못하게 되었고, 하나님께 대해 살아 계신다고 말했습니다. 즉 죄에 대해서는 단번에 죽고, 하나님께 대해서는 살아서 참 생명 가운데 행하는 성화가 그리스도께 있게 된 것입니다. 바울은 로마서에서 그리스도의 부활로 말미암아 그리스도와 연합한 성도의 성화도 단번에 시작되었음을 가르쳐 줍니다.

우리는 일반적으로 성화를 점진적인 것으로만 생각합니다. 물론 성화에는 점진적으로 죄의 영향권에서 해방되는 측면이 있습니다. 하지만 죄의 영향권에서 점진적으로 해방되기 위해서는 죄의 지배권으로부터 결정적으로 구원받은 성화가 그 기초에 있어야 합니다. 죄의 영향권으로부터 점진적으로 벗어나는 점진적인 성화에 앞서 우리와 연합되신 그리스도의 부활에 참여함으로써 죄의 지배권으로부터 결정적으로 구원 얻는 일이 있어야 한다는 뜻입니다.

바울은 "예수는 [그리스도 예수 안에 있는] 우리에게 거룩함이 되셨다"라고 말했습니다(고전 1:30). 여기서 '되셨다'라는 동사는 부정과거시제입니다. 즉 예수께서 '지금 우리에게 거룩함이 되고 계신다'라는 의미가 아니라 이미 우리에게 거룩함이 되셨다는 뜻입니다. 바울이 이렇게 말할 수 있는 이유는 그리스도께 일어난 성화가 그분과 연합한 우리에게도 있게 되었기 때문입니다. 그리스도와의 연합 속에서 얻게 된 거룩함이 점진적인 성화의 기초가 되는 것입니다.

누구든지 예수를 믿는 사람은 사탄의 권세 아래서 죄의 통치를 받던 상태로부터 결정적으로 구원을 받습니다. 죄의 지배권에서 구원받지 않고서 죄에서 지속적으로 벗어나는 점진적인 성화를 이루어 가는 것은 불가능합니다. 그런데 죄의 지배권으로부터의 결정적인 구원이 그리스도의 부활에 연합한 우리에게 있게 된 것입니다. 죄에 대해 죽으시고, 죽은 자 가운데서 부활하사 하나님께 대해 살아 계신 그리스도와의 연합이 우리 성화의 근거와 근본이 된 것입니다. 이처럼 성화 역시 우리 자신의 고유한 영역이 아니라 그리스도와의 연합 안에서 그리스도의 것을 받음으로써 갖게 됩니다.

마지막 때의 영화 역시 마찬가지입니다. 고린도전서 15장 20절에서 바울은 그리스도께서 죽은 자 가운데서 부활하심으로 잠자는 자들의 첫 열매가 되셨다고 말했습니다. 또 빌립보서 3장에서는 장차 우리의 낮은 몸이 그리스도의 영광의 몸, 즉 부활하신 그리스도의 몸의 형체와 같이 변할 것이라고 말했습니다(빌 3:21). 즉 그리스도께서 부활의 첫 열매로서 가지신 영광의 몸을 그리스도 안에 있는 우리 또한 얻게 되리라고 한 것입니다.

우리의 영화는 새롭게 고안되어 만들어질 어떤 실체가 아니라 그리스도와 연합한 자로서 그분의 영화롭게 되심에 참여하는 것입니다. 그리스도께서 부활하심으로 영화롭게 되신 것처럼 그분과 연합한 우리도 영화롭게 됩니다. 이처럼 우리의 구원은 처음부터 끝까지 그리스도께서 이루신 것이 성령의 역사를 통해 우리에게 적용됨으로써 있게 되는 것입니다. 이것이 성경에서 우리 구원의 모든 것을 '그리스도 안에서'로 말하는 의미입니다.

신자의 구원은 그가 의지하는 그리스도만큼 확실하고 견고하다

성령은 우리와 그리스도를 연합하게 하심으로써 그리스도께서 이루시고 가지신 것을 우리에게 적용하시고, 우리로 하여금 그것을 소유해 누릴 수 있게 하십니다. 바꾸어 말하면, 우리가 성령의 역사로써 그리스도와 연합해 소유하고 누리게 된 구원의 모든 내용은 다 먼저 부활하신 그리스도의 것입니다. 먼저 그리스도의 생명이요, 그리스도의 칭의요, 그리스도의 아들 됨이며, 그리스도의 성화요, 그리스도의 영화입니다. 그것을 그분과의 연합 속에 있는 우리가 얻는 것입니다.

성령께서 우리에게 적용하시는 이와 같은 구원의 내용들에는 각각 구별되는 특성이 있습니다. 하지만 우리는 먼저 구원의 다양한 국면들이 죽으시고 부활하신 그리스도와의 연합 속에서 우리에게 허락된다는 사실을 기억해야 합니다. 성령은 우리를 주님과 연합하게 하심으로써 이미 그리스도께 있는 구원의 모든 국면을 우리에게 적용하십니다. 그러므로 구원의 각 국면들은 인과론적인 단계들이라기보다 그리스도와의 연합 안에서 우리에게 적용되는 구원이라는 하나의 실체의 여러 면들이라고 할 수 있습니다.

또한 그리스도와 연합하게 하심으로써 다양한 구원의 국면들을 갖게 하시는 성령은 그것들을 완성해 가시기 위해 우리 안에서 지속적인 사역을 행하십니다. 그 사역에 있어서 무엇보다 중요한 것은 우리를 위해 죽으시고 부활하신 그리스도, 우리와 연합하신 그분이 우리 구원의 기초이시라는 사실입니다. 우리는 그 점을 확고하게 해야 합니다.

신자의 구원은 지금 우리 자신의 어떤 것에 의해 결정되는 것이 아니라 우리를 위해 죽으시고 부활하신 그리스도께 근거를 둔 것입니다. 달리 말하면, 신자의 구원은 그가 의지하는 그리스도만큼 확실하고 견고하다는 뜻입니다. 그래서 바울이 로마서 8장에서 그리스도 예수 안에 있는 자에게는 정죄함이 없다고 확신하며 말할 수 있었던 것입니다.

우리 구원의 확고함은 스스로의 능력이나 자격에 근거하지 않습니다. 우리의 능력으로는 바울이 로마서 8장에서 열거한 환난이나 곤고, 위험, 불확실한 장래 일과 피조 세계 안에 있는 온갖 변수로부터 우리의 구원을 지켜 낼 수 없습니다. 우리의 구원이 확고한 이유는 우리가 그리스도와 함께 죽고 산 자, 연합한 자이기 때문입니다.

예수 믿는 우리는 그리스도께서 우리를 위해서 이루신 일에 연합되었을 뿐만 아니라 우리를 위한 중보자 되시는 그리스도의 신분에도 연합된 자임을 기억하십시오. 그리스도와의 연합으로 우리의 신분이 완전하게 되었고, 우리의 삶 또한 하나님께 대해 산 자로서의 삶으로 변화되었습니다.

이 놀라운 구원의 복을 실제적으로 소유해 그에 대해 인격적으로 반응하는 삶을 사는 사람이 참된 신자입니다. 그리스도와 연합한 자가 얻는 구원은 스스로를 나태하게 하는 것이 아니라 놀라운 복과 특권으로 인해 하나님께 대해 산 자로서 살게 합니다. 종교개혁자 존 칼빈은 그리스도와의 연합에 대해 다음과 같이 말했습니다.

"우리는 우리 전체 구원과 그 모든 부분이 그리스도 안에 포함되어 있다는 사실을 알고 있다(행 4:12). 그러므로 우리는 그 가장 작은 부분이라도 다른 곳에서 끌어오지 않도록 조심해야만 한다.

만일 우리가 구원을 찾는다면, 예수라는 이름 자체가 구원이 '그에게'

속해 있다는 것을 가르쳐 준다(고전 1:30). 만일 우리가 성령의 다른 어떤 은사들을 구한다면, 그것들은 그리스도의 기름 부음 받은 것에서 찾을 수 있을 것이다. 만일 우리가 힘을 구한다면 그것은 그리스도의 통치 안에 있다. 만일 순결이라면 그의 잉태되심에서, 만일 온유함이라면 그의 탄생에서 나타나게 될 것이다.

……만일 우리가 구속을 찾는다면 그것은 그의 고난에 있으며, 죄 사함이라면 그의 정죄에서, 저주를 면하는 것이라면 그의 십자가에서(갈 3:13), 만일 배상을 치르는 것이라면 그의 희생 제사에서, 정결이라면 그의 피에서, 화해라면 그가 지옥으로 내려가는 것에서, 육신을 죽이는 일이라면 그의 무덤에서, 새로운 생명이라면 그의 부활에서, 불멸성이라면 동일한 부활에서……찾을 수 있다.

요약한다면, 그리스도 안에는 모든 종류의 선이 풍성하게 마련되어 있으므로, 다른 샘에서가 아니라 이 샘에서 마음껏 마시도록 하자."[13]

모든 구원의 충분한 샘이 여기 그리스도께 있습니다. 그분이 이 땅에 오신 것은 단순한 모범이 되시기 위해서가 아닙니다. 그리스도께서는 우리의 구원에 필요한 모든 것을 친히 다 이루셨습니다. 우리는 그분이 우리를 위해 이루신 모든 것을 갖는 것입니다. 그분 안에서 생명을 얻고, 의롭다 하심을 얻고, 자녀가 되고, 성화되고, 영화되는 것입니다.

신자는 그리스도와의 연합 속에서 그리스도만큼 견고한 실체로 우리에게 허락되는 구원을 알고, 소유하고, 누려야 합니다. 교회를 다니면서도 아직 이 사실을 모르는 자가 있다면 이제라도 예수께 나아가야 합니다. 자신의 죄를 회개하고, 예수 그리스도를 구원의 주로 믿고, 그분을 의지하십시오. 자신에게 속한 자들을 위해 주께서 이루신 놀라운 구원의 복을 얻기 위해 그분과 연합되기를 구하십시오. 주께서는 구하는 자에게 연합 안에 있는 구원의 복을 허락해 주실 것입니다.

제3부
우리의 구원

10장

우리가 누리는 구원의 삶
_ **그리스도와의 연합에서 누리는 승리**

"찬송하리로다 하나님 곧 우리 주 예수 그리스도의 아버지께서 그리스도 안에서 하늘에 속한 모든 신령한 복을 우리에게 주시되"(엡 1:3).

"이는 그리스도께서 죽은 자 가운데서 살아나셨으매 다시 죽지 아니하시고 사망이 다시 그를 주장하지 못할 줄을 앎이로라 그가 죽으심은 죄에 대하여 단번에 죽으심이요 그가 살아 계심은 하나님께 대하여 살아 계심이니 이와 같이 너희도 너희 자신을 죄에 대하여는 죽은 자요 그리스도 예수 안에서 하나님께 대하여는 살아 있는 자로 여길지어다 그러므로 너희는 죄가 너희 죽을 몸을 지배하지 못하게 하여 몸의 사욕에 순종하지 말고"(롬 6:9-12).

그리스도를 믿음으로
구원이 실제적으로 우리의 소유가 된다

우리 구원의 중심에는 그리스도께서 계십니다. 거듭남, 회심, 칭의, 성화, 영화 등 성령 하나님에 의한 구원 서정의 일들 역시 '그리스도 안에서' 일어납니다. 성령은 독자적으로 구원을 이루지 않으시고, 다만 그리스도의 구속 사건 안에서 이미 성취된 것을 우리에게 적용하십니다. 우리를 위해 이 땅에 오셔서 사시고, 죽으시고, 장사되셨다가, 부활, 승천하셔서 영광 중에 하늘에 앉히신바 되신 그리스도와 우리를 연합하게 하심으로써 우리가 그리스도께서 이루시고 얻으신 것에 참여하도록 하십니다.

그런데 우리가 그리스도와의 연합 안에서 그리스도께서 이루신 모든 것을 현실적으로 자신의 것으로 알고 경험하게 되는 시점은 예수 그리스도를 믿을 때입니다. 우리는 성령께서 그리스도를 믿게 하실 때 그분과의 연합을 실존적으로 갖게 됩니다. 믿음을 통해 그리스도께서 이루신 것 모두가 실제적으로 우리의 소유가 되는 것입니다.

물론 안토니 후크마(Anthony A. Hoekema)는 우리와 그리스도의 실제적인 연합은 일차적으로 거듭남을 통해서라고 설명했습니다. 그리스도께서 죽으셨다가 살아나신 것이 거듭남으로써 우리에게 적용된다는 것입니다. 에베소서 2장에서 바울이 허물과 죄로 죽은 우리를 하나님이 그리스도와 함께 살리셨다고 말했기 때문에 그러한 설명은 논리적으로, 성경적으로 적절합니다. 그런데 후크마 역시 이에 덧붙여 우리가 믿음을 통해 이 연합을 소유한다고 말했습니다. 믿음을 통해서 연합에 대한 영적인 자각을 갖고 누리게 된다는 것입니다.

이처럼 우리는 거듭남, 또는 예수 그리스도를 믿음으로써 그리스도와 함께 죄와 옛 생활에 대해 죽고 하나님께 대해 살아 있는 새로운 생명에 실제적으로 참여하게 됩니다.

성경은 그리스도와의 연합에 대한 실제적인 경험을 자주 십자가와 관련시켜 말합니다. 특히 갈라디아서에서 바울은 그리스도의 십자가로써 세상이 나(신자)에 대해 못 박혔고, 자신은 세상에 대해 못 박혔다고 말했습니다(갈 6:14). 즉 신자는 십자가에 달리신 그리스도의 죽으심에 합해 세상에 대해, 이전에 즐거워하던 것들의 유혹과 지배력에 대해 죽은 자라는 의미입니다. 또 다른 곳에서 바울은 우리의 옛 사람이 예수와 함께 십자가에 못 박히고 죄의 몸이 죽은 것으로 묘사하기도 했습니다(롬 6:6).

그뿐 아니라 우리는 그리스도와 함께 하나님께 대해 사는 경험을 합니다. 바울은 이렇게 말했습니다.

"그러므로 우리가 그의 죽으심과 합하여 세례를 받음으로 그와 함께 장사되었나니 이는 아버지의 영광으로 말미암아 그리스도를 죽은 자 가운데서 살리심과 같이 우리로 또한 새 생명 가운데서 행하게 하려 함이라"(롬 6:4).

"이와 같이 너희도 너희 자신을 죄에 대하여는 죽은 자요 그리스도 예수 안에서 하나님께 대하여는 살아 있는 자로 여길지어다"(롬 6:11).

이처럼 신자는 그리스도와의 연합 속에서 옛 생활에 대한 죽음과 하나님께 대해 산 자로서 새 생명을 실제로 갖게 됩니다.

많은 불신자와 심지어 교회를 다니는 사람들 중에도 이런 이야기를 들으면 비웃는 경우가 종종 있습니다. 그들은 자신들의 경험의 범주 안에서 성경을 판단하기 때문입니다. 성경이 말하는 그리스도와의 연합과 구원은 꾸며낸 이야기가 아닙니다. 진실로 그리스도 안에 있는 자는 성경의 가르침대로 새로운 피조물이 되었다고 할 만큼 분명하고 실제적인 변화를 소유하고 경험합니다(고후 5:17).

무엇보다 신자는 죄에 대항할 능력을 갖게 됩니다(롬 6:12-14). 예수 믿기 전 모든 인간은 죄에 대항할 능력이 없습니다. 아무리 탁월하고 현명한 사람이라도 예외는 아닙니다. 그러나 그리스도와 함께 죽고 산 자는 죄에 대항할 능력을 갖게 되고, 그리스도 안에서 충만해집니다(골 2:10). 그 충만의 궁극적인 실체는 완성될 하나님 나라에서 나타나겠지만, 신자는 지금 예수 믿기 시작할 때부터 그리스도 안에서 하늘에 속한 신령한 복을 소유해 누리며 살아갑니다.

그리스도와 연합한 신자의
실천적 삶의 기준은 무엇인가?

성경은 그리스도 안에서 얻는 영생과(요 5:24) 그리스도 안에 있는 믿음과 사랑(딤전 1:14), 그리스도 안에서 얻는 은혜(엡 1:7), 그리스도 안에서의 부르심과 구원을(벧전 5:10) 말합니다. 또 그리스도 안에 지혜와 지식의 모든 보화가 있다고 말합니다(골 2:3). 거듭남, 회심, 칭의, 성화, 나아가 육체의 부활 등 구원의 모든 국면도 그리스도와의 연합에서 얻는 것입니다. 구원 얻은 자로서의 삶 또한 그리스도 안에서 사는 삶이요, 그리스도 안에서 도래한 새 시대 안에서 사는 삶입니다.

그리스도 안에 있다는 것은 그리스도께서 다스리시는 새로운 왕국, 곧 그리스도 안에서 도래한 하나님 나라에 속해 그분의 은혜와 능력을 이 땅에서부터 경험하며 사는 것입니다.

비록 우리는 이 땅에서 그 모든 것의 구체적인 내용을 가시적으로 볼 수는 없지만, 하나님 나라에 속한 자들은 하나님의 통치를 받으며 살아감으로써 그리스도와의 연합을 경험합니다. 외면상으로는 크게 다를 바 없어 보이더라도 하나님의 은혜를 알고, 은혜의 통치를 받으며 하나님의 영광을 위해 삶으로써 그리스도 안에서 도래한 하나님 나라의 은혜와 능력을 경험하는 것입니다.

이처럼 그리스도 안에 있는 자는 실제적으로 삶의 모든 것을 그 안에서 행하며 삽니다. 특히 바울은 자신의 삶을 통해 그리스도 안에 있는 자의 실제적인 모습을 다각적으로 보여 주었습니다.

로마서에서는 "내가 그리스도 안에서 참말을 하고 거짓말을 아니하노라"(롬 9:1)라고 말했습니다. '그리스도 안에서' 말한다고 한 것입니다. 고린도후서에서는 자신이 하나님의 말씀을 "하나님 앞에서와 그리스도 안에서 말하노라"(고후 2:17)라고 했습니다. "내가 그리스도 예수 안에서 하나님의 일에 대하여 자랑하는 것이 있거니와"(롬 15:17)라고 말하기도 했습니다. 하나님의 일에 대해서 자랑하는 것도 '그리스도 안에서'라는 것입니다.

바울은 "내가 주 안에서 내 사랑하고 신실한 아들 디모데를 너희에게 보내었으니"라고 함으로써 누구를 사랑하는 것도 '주 안에서'라고 말했습니다. 그리고 이어서 디모데가 "그리스도 예수 안에서 나의 행사 곧 내가 각처 각 교회에서 가르치는 것을 생각나게 하리라"라고 말함으로써 자신의 모든 사역이 '그리스도 안에서' 행해지고 있음을 말했습니다(고전 4:17). 디모데를 빌립보 교회로 보내기를 바라는 것도 "주 안에서"(빌 2:19)라고 말했습니다.

바울은 감옥에서 크게 기뻐할 때도 "주 안에서"(빌 4:10)라고 말했으며, 자신이 모든 것을 할 수 있는 것도 자신에게 '능력 주시는 자' 안에서라고 말했습니다(빌 4:13). 다른 성도들에게 명하고 권면할 때도 자신의 말이 "주 예수 안에서"(살전 4:1; 살후 3:12) 하는 것이라고 말했습니다.

바울은 이렇게 자신의 모든 행동을 '그리스도 안에' 있는 것으로 말했을 뿐만 아니라, 그와 함께한 다른 신자들의 행함도 그리스도 안에 있는 것으로 말했습니다. 그는 고린도 성도들에게 "너희 수고가 주 안에서 헛되지 않은 줄 앎이라"(고전 15:58)라고 말함으로써 주님을 위한 그들의 섬김이 다 주 안에 있는 것이어서 결코 헛되지 않으리라는 사실을 상기시켜 주었습니다.

자녀가 부모에게 순종하는 것도 "주 안에서"(엡 6:1) 하라고 말했고, 아내가 남편을 존경하는 것이나 남편이 아내를 사랑하는 것도 그저 인간적인 차원에서가 아니라 주님을 생각하며 '주 안에서' 해야 할 것으로 말했습니다(엡 5:22-33). 모두 다 그리스도와 연합한 자의 독특한 삶의 내용으로 말한 것입니다.

바울은 마귀의 간계에 대적하기 위해서 "주 안에서"(엡 6:10) 강건해지라고 말하기도 했습니다. 권면할 뿐만 아니라 권면을 받는 것도 그리스도 안에서의 일로 여겼고, "같은 마음을 품으라"라는 말도 "주 안에서" 하도록 권했습니다(빌 4:2). 신자가 경건하게 살고자 하는 것도 "예수 안에서"(딤후 3:12), 신뢰하는 것도 "주 안에서"(빌 1:14), 인정을 받는 것도 "그리스도 안에서"(롬 16:10)라고 말했습니다. 또한 그리스도 예수를 주로 믿어 그분과 연합한 신자들에게 "너희가 그리스도 예수를 주로 받았으니 그 안에서 행하되"(골 2:6)라고 말했습니다. 계속적으로 무엇을 하든지 다 그리스도 안에서 행하라고 명령한 것입니다.

이 명령들은 그리스도와 연합한 자는 바울이 말한 것과 같은 태도와 삶이 가능하다는 사실을 보여 줍니다. 그래서 바울은 그리스도와 연합한 자들을 향해 "너희가 그리스도 예수를 주로 받았으니 그 안에서 행하되 그 안에 뿌리를 박으며 세움을 받아"(골 2:6-7)라고 말했습니다. 바울은 각 사람을 가르쳐 완전한 자로 세우려는 목표가 "그리스도 안에서"(골 1:28) 성취된다는 사실을 알았습니다.

어떤 사람들에게는 이 사실이 대수롭지 않게 여겨질 수도 있습니다. 하지만 신자로서 우리의 모든 행동과 삶이 그리스도와 연관되어 있다는 것은 생각할수록 놀라운 사실입니다. 심지어 말하는 것까지도 '그리스도 안에서' 한다고 했던 바울을 생각해 보십시오. 그는 자신의 존재와 삶이 그리스도 안에 있는 것으로 생각하며 살았던 것입니다. 신자는 그와 같이 예수 그리스도와 연합한 자로서 놀라운 정체성을 가지고 살아갑니다. 바울만 아니라 그리스도와 연합한 모든 신자에게는 이런 분명한 의식이 필요합니다.

그리스도와의 연합으로 하나 되는 교회

그리스도와 연합한 자는 그 연합을 통해 그리스도의 몸인 교회의 지체가 되어 다른 지체들과 하나 됨을 이룹니다. 그는 그리스도와 연합한 다른 지체가 받는 고통과 영광에 함께 아파하고 즐거워합니다. 이처럼 그리스도와 연합한 자들은 개인의 구원만 아니라 다른 지체들과 하나 됨을 이루어 갑니다.

신자는 그리스도 안에 있는 다른 사람들을 세상적인 가치 기준으로 대하지 않고, "너희는 유대인이나 헬라인이나 종이나 자유인이나 남자나 여자나 다 그리스도 예수 안에서 하나이니라"(갈 3:28)라는 성경의 가르침을 따라 자신의 지체로 여깁니다. 그리스도 안에서 자연스럽게 그리스도의 몸의 지체로서의 삶, 교회적인 삶을 사는 것입니다.

교회적인 삶은 그리스도와 연합해 그분의 몸의 지체가 된 자에게 결코 선택적인 것이 아닙니다. 교회적인 삶을 자신과 상관없는 것으로 여기는 자는 자신이 그리스도와 연합한 자인지 돌아보아야 합니다. 구원 얻은 신자는 믿음으로 그리스도와 연합했을 뿐 아니라 그리스도 안에서 우리가 한 몸이 되었다는 신약성경의 가르침을 부인할 수 없습니다.

그리스도와 연합한 모든 신자는 남편과 아내가 하나 되는 것같이 그리스도와 연합해 한 몸을 이룹니다(엡 5:22–33). 주님은 십자가에 달려 죽으시기 전에 대제사장으로서 하나님께 드린 기도에서, 아버지께서 자신에게 주신 모든 그리스도인의 하나 됨을 위해 기도하셨습니다(요 17:11). 자신과 연합된 자들을 위해 "아버지께서 내 안에, 내가 아버지 안에 있는 것같이 그들도 다 하나가 되어 우리 안에 있게 하사"(요 17:21)라고 기도하셨습니다. 성부, 성자, 성령 하나님이 구별된 인격이시면서도 완전한 연합을 이루고 계시듯이, 우리도 각각 구별된 인격들이지만 완전한 연합으로 나아가기를 기도하셨던 것입니다.

이것은 현실과 동떨어진 이상이나 관념이 아닙니다. 물론 우리는 장래에 완성될 하나님 나라에 이른 후에야 그리스도와 함께 지체들과의 완전한 연합을 경험하게 될 것입니다. 그럼에도 성경은 우리가 그리스도 안에서의 연합과 하나 됨을 지금 이 땅에서부터 실제적으로 소유하고 경험하기 시작한다고 말합니다. 이를 무시하고 개인의 구원만 생각하며 다른 지체들과의 교제를 기피하는 태도는 그리스도와 연합한 자로서 합당하지 못한 모습입니다. 그런 사람은 성경과 다른 구원을 추구하고 있는 것입니다.

성도 간의 하나 됨을 무시하는 것은 단순히 이 땅에서의 불완전함으로 핑계할 수 없는 모습입니다. 비록 완벽하지 못하더라도, 그리스도와 연합한 지체들은 그분의 몸을 위하고 세우는 모습을 갖습니다. 그리스도와 연합한 자는 자신의 선호에 따라 다른 사람을 대하기보다 그리스도 안에서 다른 지체들과 하나 됨을 경험하며 그것을 소중히 여겨 더욱 온전하게 하기 위해 힘씁니다. 이 땅에서부터 그런 모습을 갖지 않는 자들은 완성될 하나님 나라에서도 연합의 실체를 갖지 못할 것입니다.

신자는 그리스도께서 자신을 어떻게 받아 주셨는지를 알기 때문에 다른 지체들과의 관계 속에서도 연합을 신실하게 지키고자 힘씁니다. 물론 때때로 지체 중 어떤 사람들을 멀리하고 싶은 유혹을 받을 수도 있습니다. 하지만 그럴 때마다 그리스도께서 우리를 어떻게 대하셨는지를 생각하며 자신의 연약함을 솔직하게 고백하고 새 마음을 구해야 합니다. 놀랍게도 하나님은 우리가 기도할 때 우리의 굴절된 마음을 사랑하는 마음으로 바꾸어 주십니다. 그리스도를 믿는 믿음으로 죄악된 유혹을 극복할 수 있게 해주시는 것입니다.

창세전부터 계획된 그리스도와 그분께 속한 자들 사이의 연합은 이 땅에서의 삶에서부터 경험되다가 완성될 하나님 나라에서 완전한 상태로 드러날 것입니다. 우리에게 실제적으로 경험되는 연합이 없는 구원은 허상에 불과합니다. 구원은 실제적인 연합 안에서 허락되고 경험되는 것이기 때문입니다.

오늘날 TV나 인터넷을 통해 설교를 들으며 고립된 신앙생활을 하는 이들은 성경이 말하는 연합과 그 안에 있는 구원을 참되게 알지 못하는 경우가 많습니다. 그러나 참으로 그리스도 안에 있는 신자는 모든 관계와 행실을 그리스도 안에서 갖습니다. 특히 함께 주 안에 속한 다른 지체들과의 관계에 있어서 그렇습니다.

내가 그리스도 안에, 그리스도께서 내 안에 거하시는 삶

그리스도와의 연합과 관련해서 생각해야 할 또 한 가지 사실은 우리가 그리스도 안에 있는 동시에 그리스도께서 우리 안에 계신다는 것입니다. 예수님은 포도나무 비유로 자신과 우리의 연합 관계를 다음과 같이 말씀하셨습니다.

"나는 포도나무요 너희는 가지라 그가 내 안에, 내가 그 안에 거하면 사람이 열매를 많이 맺나니 나를 떠나서는 너희가 아무것도 할 수 없음이라"(요 15:5).

또한 바울은 "내가 그리스도와 함께 십자가에 못 박혔나니 그런즉 이제는 내가 사는 것이 아니요 오직 내 안에 그리스도께서 사시는 것이라"(갈 2:20)라고 말했습니다. 우리가 그리스도 안에 있는 것은 그리스도께서 우리 안에 계시기 때문입니다. 앞서 말한 대로, 성령께서 그리스도의 영으로 우리 안에 거하심으로써 그리스도께서 우리 안에 계신 것입니다.

바울은 골로새서에서 우리 안에 계신 그리스도를 '하나님의 비밀'이라고 표현하기도 했습니다(골 1:27). 그리스도께서는 골로새 성도들처럼 이방인인 우리 안에도 계십니다. 누구든지 예수 그리스도를 믿는 자는 그리스도와 연합된 자요, 그 안에 그리스도께서 계십니다.

이것은 우리가 가진 일반적인 공간 개념으로는 이해하기 어려운 사실로서, 오랫동안 감추어졌던 비밀입니다. 그리스도께서는 성령을 통해서 우리 안에 계십니다. 이 비밀을 소유한 사람은 지식적으로만 알고 있을 것이 아니라 이것이 자신에게 실제적으로 어떤 의미를 갖는지도 알아야 합니다.

창세로부터 하나님이 뜻하셨던 계획이 감추어졌다가 이제 우리의 것으로 드러났습니다. 그리스도께서 내 안에 거하시는 일이 실제로 있게 된 것입니다. 우리는 이 사실을 단순히 머리로만 인정할 것이 아니라 그 놀라운 신비가 주를 믿는 자신에게 실제적으로 있게 되었음을 알고 생각해야 합니다.

바울은 고린도후서 13장에서 "너희는 믿음 안에 있는가 너희 자신을 시험하고 너희 자신을 확증하라"라고 말한 뒤에 "예수 그리스도께서 너희 안에 계신 줄을 너희가 스스로 알지 못하느냐 그렇지 않으면 너희는 버림받은 자니라"라고 덧붙였습니다(고후 13:5).

이 말씀에 비추어 질문해 보십시오. 그리스도께서 내 안에 계신 줄 알고 있습니까? 만일 이 사실을 실제적으로 알고 있지 않다면 바울의 말대로 버림받은 자입니다. 예수 믿는 자는 그리스도께서 자기 안에 계신 것을 모를 수 없습니다. 신자라면 예외 없이 그리스도께서 그 안에 계시기에 이 사실을 알아야 하며, 또 알게 됩니다. 바울은 이 사실을 알지 못하는 문제에 대해 "그럴 수도 있다"라고 말하지 않았습니다. 신자 안에 그리스도께서 계시고, 또 신자 자신이 그 사실을 아는 것은 그의 존재와 삶을 완전히 다르게 하는 심히 중대하고 결정적인 문제입니다.

그리스도께서 우리 안에 계신 것은 창세전 하나님의 계획과 구속 역사의 진전, 그리고 마침내 그리스도에 의해 성취된 구원이 성령의 역사로 우리에게 적용됨으로써 있게 된 엄청난 사실입니다. 이것은 신자에게 엄연한 사실일 뿐만 아니라 세상으로부터 우리를 구분 짓고, 우리의 운명과 삶을 다르게 하는 중대한 전환점입니다. 이 일은 그리스도를 믿는 자에게 모든 힘의 원천이 됩니다. 그리스도인으로서 우리가 세상을 이길 수 있는 이유는 우리 자신의 어떤 능력 때문이 아니라 바로 그리스도께서 우리 안에 계시기 때문입니다.

신자 안에 계신 예수 그리스도를 믿는 믿음 안에 사는 삶

요한은 요한일서 4장에서 이에 대해 정확히 말했습니다.

"자녀들아 너희는 하나님께 속하였고 또 그들을 이기었나니 이는 너희 안에 계신 이가 세상에 있는 자보다 크심이라"(요일 4:4).

우리는 우리 안에 계시는 이로 말미암아 이 세상을 이깁니다. 우리 안에 계신 그리스도께서 이 세상의 누구보다 크시기 때문에 우리가 그분의 이기심 안에서 세상을 이기는 것입니다. 나 스스로 이기는 것이 아니라 그분으로 말미암아 이기는 것입니다.

그래서 신자는 자신이 놀라운 일에 사용되었다고 해도 자랑할 수 없습니다. "이제는 내가 사는 것이 아니요 오직 내 안에 그리스도께서 사시는 것"이기 때문입니다. 신자의 삶은 다름 아니라 "하나님의 아들을 믿는 믿음 안에서 사는" 삶입니다(갈 2:20). 그래서 바울은 "그리스도께서 이방인들을 순종하게 하기 위하여 나를 통하여 역사하신 것 외에는 내가 감히 말하지 아니하노라"(롬 15:18)라고 말했습니다. 자기가 한 것이 아니라 자기 안에 계신 그리스도 때문이라고 한 것입니다.

우리 역시 이러한 사실로 인해 신자로서 자신의 삶과 사역의 모든 부분에서 겸손해야 합니다. 우리가 하나님의 일들을 감당할 수 있는 이유는 모두 우리 안에 계신 그리스도로 말미암은 것입니다. 우리도 바울처럼 "이제는 내가 사는 것이 아니요 오직 내 안에 그리스도께서 사시는 것"이라고 말할 수 있어야 합니다.

예수 믿는 자의 삶은 자기 안에 계신 예수 그리스도를 믿는 믿음 안에서 사는 삶입니다. 우리는 내 안에 계신 그리스도를 믿는 믿음 안에서 사는 자요, 또 내가 아닌 내 안에서 역사하시는 그리스도를 신뢰함으로써 모든 일을 행하며 사는 자들입니다. 우리는 이 비밀스런 삶을 살 뿐만 아니라 이 삶을 귀하게 여길 줄 알아야 합니다. 세상의 기준과 방식으로 판단하지 말고 그리스도와의 연합에 따른 복을 귀히 여기고 기뻐해야 합니다.

그렇게 할 때 우리는 그리스도와 연합한 다른 사람들에 대해서도 바른 태도를 가질 수 있습니다. 상대방만이 아니라 그의 안에 계신 그리스도를 보고 대할 수 있게 되는 것입니다.

예수님은 마태복음 25장에서 "너희가 여기 내 형제 중에 지극히 작은 자 하나에게 한 것이 곧 내게 한 것이니라"(마 25:40)라고 말씀하셨습니다. 물론 여기서 '지극히 작은 자'는 예수 그리스도를 믿지 않는 자들까지 포함한다고 볼 수도 있습니다. 하지만 예수님이 말씀하신 더 우선적이고 확실한 대상은 '내 형제 중에 지극히 작은 자'로서, 예수 믿는 다른 지체들입니다. 주님은 우리가 그들을 돕는 것을 그들에게 한 것뿐만 아니라 그들 안에 계신 그리스도께 하는 것으로 본다고 말씀하신 것입니다. 그러므로 우리는 그리스도 안에 있는 지체들을 판단하기보다 용납해야 합니다. 이것이 그리스도와 연합한 자들에게 있는 모습입니다.

그리스도와 연합한 자로서 주의 계명을 청종하라

여기에 요한은 그리스도와 연합한 자에 대한 놀라운 사실 한 가지를 더 말했습니다.

"그의 계명을 지키는 자는 주 안에 거하고 주는 그의 안에 거하시나니 우리에게 주신 성령으로 말미암아 그가 우리 안에 거하시는 줄을 우리가 아느니라"(요일 3:24).

요한은 누가 그리스도와 연합한 자인지를 분명하게 말해 준 것입니다. 그리스도와 연합한 자는 단순히 말씀을 듣는 자가 아니라 지키는 자입니다. "누가 그리스도와 연합한 자인가?"라는 질문에 대해 다양한 설명이 있을 수 있겠지만, 특히 요한은 우리 주님의 계명을 지키는 자가 주 안에 거하고 주께서 그 안에 거하시는 자라고 말했습니다. 주님이 우리에게 주신 주님의 영은 주님의 말씀을 지키도록 우리 안에서 역사하심으로써 자신이 우리 안에 계신다는 사실을 증거하십니다.

우리는 요한을 통해서만이 아니라 성경 전체에서 하나님의 말씀을 지키는 것에 대한 강조를 반복해서 듣습니다. 성경은 하나님께 속한 자는 하나님과의 관계 속에서 하나님의 말씀을 듣는 자가 아니라 지키는 자라고 가르칩니다. 이 점을 강조하는 성경의 가르침 때문에 어떤 사람들은 율법주의로 빠지기도 하지만, 그것은 성경의 본래적인 강조점으로부터 이탈했기 때문입니다. 주님의 계명을 지키는 일은 아무나 할 수 있는 것이 아닙니다. 우리의 노력만으로는 되지 않습니다. 우리 스스로는 조금 하려다가 곧 지치고 말 뿐입니다.

성경이 말하는 바는 그리스도와의 연합 속에 있는 자가 주님의 말씀을 지킬 수 있고, 예수 그리스도를 믿어 소유한 자가 아니면 그 일이 가능하지 않다는 것입니다. 만일 누군가 그리스도의 계명을 지킨다면 그것은 그가 그리스도와 연합한 자이기 때문입니다. 신자는 주의 계명을 지킴으로써 자연스럽게 자신이 주님께 속했음을 나타내는 것입니다.

예수님 당시 바리새인들부터 오늘까지 종교적이고 율법적인 열심을 가진 이들은 많았지만 실제로 하나님이 원하시는 바를 따라 말씀을 지키는 사람들은 상대적으로 적었습니다. 하나님의 계명을 참으로 기뻐하며 따르는 것은 오직 그리스도와 연합한 자에게만 있는 일입니다.

신자는 이러한 말씀에 비추어 자신이 하나님의 말씀을 사랑해 들을 뿐만 아니라 말씀을 따라 살고 있는지 돌아보아야 합니다. 단순히 예배당에 꾸준히 오느냐가 중요한 것이 아닙니다. 진실로 자신의 존재와 삶, 행동 양식과 가치관에 그리스도의 말씀과 뜻을 따르고자 하는 중심이 있느냐가 중요합니다. 교회에 오랫동안 다녔음에도 이런저런 이유로 주님의 말씀과 무관하며 추상적인 신앙생활을 하는 사람은 주님과 연합한 자라고 할 수 없습니다.

예수를 믿는 것과 구원을 얻는 것은 추상적인 변화가 아닙니다. 믿음은 그리스도와의 연합에 실제로 참여하는 것입니다. 또 구원은 믿음으로 말미암은 그리스도와의 연합 안에서 우리를 위해 죽으신 그리스도의 사랑과 순종을 똑같이 소유하는 것입니다. 그리스도와 연합한 자로서 우리가 그리스도처럼 하나님께 대해 살아 있는 참된 생명을 소유하는 것이 구원이요, 거듭남입니다.

산상수훈에서 주님이 말씀하신 대로 주님의 말씀을 지키는 자가 하나님 나라의 시민입니다(마 7:21-27). 신자는 자신이 생각하는 기준과 방식이 아니라 나를 위해 십자가를 지시고 자기 몸을 버리신 주님의 말씀을 따라 삽니다. 이러한 하나님의 말씀을 거북하게 여기면서 참 믿음의 길을 걸어가는 일은 가능하지 않습니다. 만일 이런 말씀들을 성경에서 찢어 내면 성경은 몇 장 남지 않을 것입니다. 우리는 겸손히 주 안에서 권하고, 주 안에서 권면을 들어야 합니다. 즉 주 안에서 권하는 말씀을 주 안에서 들어야 합니다.

진실로 그리스도와 연합한 자는 그분의 계명을 지킵니다. 주의 말씀을 청종하십시오. 우리 모두 실제적으로 그리스도와 연합한 자로서 그분의 계명을 지키는 자로 이 땅을 살 수 있기를, 주께서 그런 구원을 누리게 해주시기를 간절히 소원합니다.

11장

우리가 누리는 구원의 효력
_ 그리스도와의 연합에서 주어진 복

"찬송하리로다 하나님 곧 우리 주 예수 그리스도의 아버지께서 그리스도 안에서 하늘에 속한 모든 신령한 복을 우리에게 주시되"(엡 1:3).

"그러므로 우리가 그의 죽으심과 합하여 세례를 받음으로 그와 함께 장사되었나니 이는 아버지의 영광으로 말미암아 그리스도를 죽은 자 가운데서 살리심과 같이 우리로 또한 새 생명 가운데서 행하게 하려 함이라"(롬 6:4).

그리스도와 연합한 자의 복되고 영광스러운 승리

성경은 우리 구원의 모든 것을 '그리스도 안에서'로 가르칩니다. 우리는 이 책에서 '그리스도 안에서' 구원을 얻는다는 말의 3가지 의미 중 두 가지 의미에 대해 살폈습니다. 이 장에서는 마지막으로 그리스도와 연합된 자의 복됨에 대해 조금 더 살펴보고자 합니다.

예수님을 믿는 우리는 그리스도의 죽으심과 부활에 합하여 그분과 함께 죽고 살리심을 받아 그분의 승리를 공유하게 됩니다(롬 6:4). 그리스도를 죽은 자 가운데서 살리신 능력이 그분을 믿는 우리 안에 역사해 우리도 그분과 함께 죽고 살리심을 받는 것입니다. 바울은 이에 대해 그리스도를 죽은 자 가운데 살리신 능력이 우리 안에 역사하는 것으로 말했습니다(엡 1:18-21). 이 사실에 근거해 바울은 그리스도와 연합한 그리스도인들의 복되고 영광스러운 승리를 자주 이야기했습니다.

성경이 말하는바 그리스도와 연합한 우리가 누리는 승리는 기독교 안에 널리 유포된 값싼 승리주의와는 다릅니다. 자신이 부패한 죄인인 줄도 모르고 하나님 앞에 회개해 온전해지기를 소망하지 않으면서, 다만 하나님의 힘을 빌려 자아의 욕심을 채우려는 것이 결코 아닙니다.

성경은 예수 믿는 우리가 그리스도와 함께 죄에 대해 죽는 것과 함께 살리심을 받는 승리, 즉 그리스도 안에 있는 승리에 참여하게 된다고 가르칩니다. 바울은 이 승리를 다음과 같이 표현했습니다.

"내가 확신하노니 사망이나 생명이나 천사들이나 권세자들이나 현재 일이나 장래 일이나 능력이나 높음이나 깊음이나 다른 어떤 피조물이라도 우리를 우리 주 **그리스도 예수 안에 있는** 하나님의 사랑에서 끊을 수 없으리라"(롬 8:38-39).

눈에 보이는 물질 세계에 속한 것이든 영적 세계에 속한 것이든, 우리에게 영향력을 미칠 수 있는 어떤 존재와 관계도 우리를 우리 주 예수 안에 있는 하나님의 사랑에서 끊을 수 없다고 말한 것입니다.

그리스도와 우리의 연합의 실체는 이렇게 엄청납니다. 그 연합은 예수 믿는 우리를 한없이 부요하게 하고, 우리의 구원을 견고하고 확실하게 합니다. 우리는 그 연합 안에서 구원을 소유하며, 실제로 누리며 경험합니다. 우리의 구원은 그저 우리 자신의 노력이나 자격 조건에 좌우되는 것이 아니라 그리스도와의 연합으로 인한 구원이요, 그리스도를 죽은 자 가운데서 다시 살리신 능력으로 말미암은 것입니다.

그리스도와 연합해 그분의 것으로 덧입은 신자의 정체성

이 사실을 생각해 볼 때 우리는 신자로서의 복됨을 크게 깨닫게 됩니다. 무엇보다 그리스도와 연합된 신자로서의 한없는 존엄성을 알게 됩니다. 그리스도와 연합되지 않았다면 우리는 모두 에베소서 2장 초반부의 말씀대로 '죄와 허물로 죽은 자들'입니다. 영적으로 죽어 있고, 공중의 권세 잡은 자를 따르고, 자기 마음의 욕심에 따라 사는 불순종의 아들들 중 하나일 뿐입니다. 자기가 하고 싶은 일을 하지만 사실상 사탄의 권세 아래서 살아가는 본질상 진노의 자녀로서, 멸망의 길을 향해서 가는 수많은 사람 중 한 명일 뿐입니다(엡 2:1-3).

그러나 성경은 그리스도와의 연합으로써 우리의 존재 가치가 전혀 달라졌다고 말합니다. 이제 우리는 우리를 볼 때 우리 자신만으로 보지 않고 우리와 연합되신 그리스도 안에서 우리를 봅니다. 그리스도와 연합한 자로서 그분께 속한 것들을 통해 우리 자신을 보는 것입니다.

'그리스도 안에서'라는 성경의 표현은 우리 구원의 배후에 있는 이처럼 놀라운 사실을 지시합니다. 우리가 '그리스도 안에서 그분과 함께 죽고 살았다'라는 것이나, '그리스도께서 우리 안에 계신다'라는 성경의 표현은 그저 신비주의적인 황홀경 상태나 철학적인 관념이 아닙니다. 그런 표현들은 구원받은 우리의 존재 가치가 실제로 어떠한지를 말해 줍니다. 우리는 우리와 연합하신 그리스도만큼 가치 있고, 그분과 함께함으로써 하나님 앞에 존귀하게 여겨진 자들입니다.

다음과 같은 바울의 말도 그리스도와 연합해 그분의 것으로 덧입은 신자의 정체성을 염두에 둔 표현입니다.

"그러므로 우리가 이제부터는 어떤 사람도 육신을 따라 알지 아니하노라 비록 우리가 그리스도도 육신을 따라 알았으나 **이제부터는** 그같이 알지 아니하노라 그런즉 누구든지 그리스도 안에 있으면 새로운 피조물이라 이전 것은 지나갔으니 보라 새것이 되었도다"(고후 5:16-17).

신자는 이러한 말씀을 믿고 확신을 가지고 살아야 합니다. 성경은 우리가 '새로운 피조물'이라고 말합니다. 이전 것은 지나가고 새것이 되었다고 말합니다. 이 말씀은 거듭남과도 관련되어 있지만, 일차적으로 그리스도와 연합한 결과 전혀 다른 존재가 된 것을 의미합니다. 신자는 그리스도와 연합되어 있기 때문에 육체를 따라 알 것이 아니요, 그분과 연합한 자로 알고 존귀한 존재로 여겨야 한다는 것입니다. 그래서 '이제부터는'이라고 말한 것입니다.

우리는 본질상 진노의 자녀였으나 부활, 승천하신 하나님의 아들과 연합되어 그분과 함께 있는 자로서의 존엄성을 가지게 되었습니다. 이러한 변화는 우리가 다 측량할 수 없을 만큼 놀라운 것입니다. 진노의 자녀로서 그저 썩어질 수밖에 없었던 조건으로부터 그리스도와 함께 영광스러운 부활에 참여해 하늘에 앉힌바 된 높아진 조건으로의 변화를 생각해 보십시오.

교회 안에는 예수를 믿는다고 하면서도 구원에 대한 성경의 가르침을 등한히 여기며 피상적인 신앙생활을 하는 사람들이 있습니다. 그들 역시 구원을 말하지만 그들은 구원을 값싸게 여깁니다. 그들에게 구원은 일상에서 먹고살기 위한 필요들보다 못합니다. 그래서 실제적인 선택의 순간마다 늘 물질적인 필요를 우선시합니다. 현실에 얽매여 성경에서 말하는 기쁨과 평화의 이유를 알지 못하고, 그래서 실제적으로 누리지 못합니다.

또 어떤 사람은 나름대로 진지하게 신앙생활을 하지만 자기의 죄와 부족한 상태를 보며 수치심을 느끼고 낙심하는 데 머무릅니다. 실패와 넘어짐 때문에 그리스도와 함께 달라지고 높아진 자신의 신분과 지위를 충분히 수용하지 못합니다.

그러나 정녕 예수 그리스도를 믿어 그분과 연합한 자는 자신의 연약함에도 불구하고 고린도후서 5장 16절의 '이제부터는' 이하의 말씀을 기억해야 합니다. 신자는 아직 이 땅을 살고 있지만 '이제부터는' 실패와 죄의 차원에서 자신을 보지 않고 그리스도와 연합한 자로서 자신을 보는 자입니다. 신자에게는 죄와 싸우는 삶도 있지만 그에 앞서 자신의 존재에 대한 완전히 다른 이해와 앎이 있습니다. 예수 믿는 자기 자신뿐만 아니라 다른 지체들에 대해서도 이전과 다른 이해와 시선을 갖게 됩니다.

이 사실을 알고 있습니까? 그리스도 안에 있는 나와 다른 신자들이 그리스도 안에서 구원의 복과 영광을 얻고 존엄한 존재 가치를 회복한 존재라는 사실을 기억하며 살고 있습니까?

예수를 믿는 자는 이제부터 자신을 진노의 자녀나 죄의 종의 차원에서 보지 않고 그리스도의 존재 가치에 결부시켜 바라봅니다. 예수 믿는 우리는 이러한 시각에서 자신을 바라보아야 합니다. 성경에 있는 그리스도와의 연합에 관한 말씀들을 통해 실제로 나를 포함한 예수 믿는 모든 사람이 그 안에서 존귀와 존엄을 얻게 되었음을 기억해야 합니다.

그리스도와 연합한 자는 확신 있는 기도 생활을 한다

그리스도와의 연합에 관한 성경 말씀들에 담긴 실체를 아는 사람은 신앙생활에서 큰 확신과 기쁨을 갖게 됩니다. 특히 그리스도와 연합되었다는 사실은 신자가 하나님과 교통하기 위해 일상적으로 행하는 기도에 매우 큰 확신을 줍니다.

예수님은 요한복음 15장에서 포도나무 비유와 함께 기도의 핵심을 말씀해 주셨습니다. 여기서 예수님이 가르쳐 주신 기도의 핵심은 기도가 그리스도와의 연합과 관련되어 있다는 사실입니다.

"너희가 내 안에 거하고 내 말이 너희 안에 거하면 무엇이든지 원하는 대로 구하라 그리하면 이루리라"(요 15:7).

많은 사람이 하반 절에 기록된 "무엇이든지 원하는 대로 구하라 그리하면 이루리라"라는 말씀을 좋아합니다. 그러나 여기서 더욱 중요한 내용은 앞부분입니다. 하나님이 우리의 기도를 들어주시는 이유는 우리 자신의 독자적인 정성과 열심 때문이 아닙니다. 그것은 오직 우리가 그리스도 안에 있고 그리스도께서 우리 안에 계심으로써, 그분의 말씀이 우리 안에 거함으로써 있는 일입니다. 핵심은 기도 응답 자체가 아니라 우리와 그리스도의 연합인 것입니다. 우리의 기도는 우리와 연합되신 그리스도 안에서 하나님께 들리고, 그러한 차원에서 우리의 간구가 응답 받는 것입니다.

우리는 그리스도와의 연합 때문에 하나님과 교통할 수 있습니다. 우리와 연합하신 그리스도 때문에 하나님을 "아빠 아버지"라 부르며 말할 수 있고, 하나님을 향해 답답함을 토로하며 탄식할 수도 있고, 간청도 할 수 있습니다. "무엇이든지 원하는 대로 구하라 그리하면 이루리라"라는 말씀은 그리스도와의 확고한 연합 안에서 보장된 약속입니다. 그리스도와 연합한 자의 기도는 그분과의 연합 때문에 하나님 앞에 호소력을 갖습니다.

이방의 일반적인 종교 관념은 신을 향한 우리 편에서의 열심에 의해 신과 관계를 갖는 것입니다. 하지만 기독교는 인간의 공로로 신의 호의를 쟁취하려는 이방 종교들과 정반대입니다. 그리스도인은 나 때문이 아니라 그리스도 때문에 하나님께 구할 수 있고, 그 기도에 대한 응답을 기대할 수 있는 자입니다.

신자의 기도는 단순히 원하는 것을 쟁취하려는 의지의 실천이 아닙니다. 그리스도와의 연합으로 갖게 된 하나님과의 관계에 대한 명확한 믿음과 하나님이 나의 기도를 들으신다는 인식에 따른 것입니다. 우리가 하나님이 기도를 들어주실 줄 알고 확신 가운데 기도하는 것은 우리 자신의 무엇 때문이 아니라 우리와 연합되신 그리스도 때문입니다.

물론 어떤 사람은 그리스도의 뜻을 떠나 자기 욕심에 따라 기도하면서 그리스도와의 연합을 주장하며 응답을 바랄 수도 있습니다. 하지만 그런 연합은 헛것입니다. 성경이 말하는 연합은 우리가 그리스도 안에 거하고 그분의 말씀이 우리 안에 유효하게 거하는 것입니다. 신자가 일상 속에서 확신하고 의지하는 연합은 그 안에서 그리스도께서 우리를 위하실 뿐만 아니라 우리 또한 그분의 말씀을 귀하게 여기며 따르는 연합입니다.

죄의 유혹에 대항하는 강력한 무기가 된다

그리스도와의 연합은 이런 맥락에서 우리로 하여금 죄의 유혹에도 대항하게 합니다. 이미 8장에서 살펴본 대로, 신자는 그리스도와의 연합에 근거해 거룩하게 변화되는 성화를 이루어 갑니다. 신자의 성화는 그저 무언가를 열심히 행하는 것으로 설명될 수 없습니다. 그리스도와 연합된 자가 성화의 대상자가 되는 것입니다.

신자는 자신이 그리스도와 함께 십자가에 못 박히고 그리스도와 함께 살리심을 받은 자인 줄 아는 자로서, 죄의 유혹에 대항해 싸웁니다. 자신이 그리스도와 연합되었다는 사실이 거룩한 길을 가려고 하는 우리의 중심에 있어서 우리 스스로가 세상과 죄의 유혹을 대항해 싸우는 최고의 무기가 되는 것입니다. 바울은 로마서 6장에서 그리스도와의 연합에 대해서 언급한 뒤 이렇게 말했습니다.

"우리가 알거니와 우리의 옛 사람이 예수와 함께 십자가에 못 박힌 것은 죄의 몸이 죽어 다시는 우리가 죄에게 종노릇하지 아니하려 함이니"(롬 6:6).

"그러므로 너희는 죄가 너희 죽을 몸을 지배하지 못하게 하여 몸의 사욕에 순종하지 말고 또한 너희 지체를 불의의 무기로 죄에게 내주지 말고 오직 너희 자신을 죽은 자 가운데서 다시 살아난 자같이 하나님께 드리며 너희 지체를 의의 무기로 하나님께 드리라"(롬 6:12-13).

그리스도와 연합되었다는 사실을 기억하는 자는 옛 생활로 돌아갈 수 없고, 따라서 죄에 대항합니다. 그는 요셉이 보디발의 아내의 유혹을 피했듯이 "예수 그리스도와 연합한 내가 어찌 죄를 범할 수 있단 말인가?"라고 하며 죄의 유혹에 저항합니다. 결국 그리스도와 함께 십자가에 죽고 다시 살리심을 받았다는 사실이 죄의 유혹에 대항하게 하는 강력한 무기가 되어 유혹으로부터 우리를 보호하는 것입니다. 바울이 고린도 교회의 음행 문제를 지적하면서 한 말도 같은 맥락입니다.

"너희가 자랑하는 것이 옳지 아니하도다 적은 누룩이 온 덩어리에 퍼지는 것을 알지 못하느냐 너희는 누룩 없는 자인데 새 덩어리가 되기 위하여 묵은 누룩을 내버리라 우리의 유월절 양 곧 그리스도께서 희생되셨느니라 이러므로 우리가 명절을 지키되 묵은 누룩으로도 말고 악하고 악의에 찬 누룩으로도 말고 누룩이 없이 오직 순전함과 진실함의 떡으로 하자"(고전 5:6-8).

그리스도를 더욱 닮아 가고자 하는 열망을 품는다

하지만 그리스도와의 연합은 그렇게 소극적인 거룩함만을 추구하게 하지는 않습니다. 그리스도와 연합한 자는 적극적으로 자신과 연합하신 그리스도를 더욱 닮아 가고자 하는 마음을 갖습니다. 이 사실을 잘 알았던 바울은 "내가 그리스도를 본받는 자가 된 것같이 너희는 나를 본받는 자가 되라"(고전 11:1)라고 권했습니다.

또 요한은 "그의 안에 산다고 하는 자는 그가 행하시는 대로 자기도 행할지니라"(요일 2:6)라고 했습니다. 그리스도 안에 사는 자, 곧 그분과 연합한 자는 자신과 연합하신 그리스도를 닮고자 하며, 그분이 행하신 대로 행하려고 한다는 것입니다.

성경이 우리를 향해 그리스도를 닮으라고 명령하는 것은 일차적으로 그리스도와의 연합에 근거한 것입니다. 그리스도의 영이신 성령은 그리스도와 연합한 신자 안에서 지속적으로 역사하심으로 죄를 가볍게 여기지 않고, 오히려 자기와 연합하신 그리스도를 더욱 닮아 가

자 하는 열망을 갖도록 역사하십니다.

이 때문에 그리스도를 닮는 삶을 사는 것이 신자 된 우리의 삶의 목표가 됩니다. 그리스도를 닮고자 하는 소원과 열망이 없는 그리스도인은 있을 수 없습니다.

성경은 계속해서 신자 된 우리에게 그리스도처럼 행하라고 말합니다(엡 5:25). 바울은 용서의 문제에 관해서 "서로 용납하여 피차 용서하되 주께서 너희를 용서하신 것같이 너희도 그리하고"(골 3:13)라고 말했습니다. 또 요한은 서로 사랑하는 것에 관해 "그가 우리를 위하여 목숨을 버리셨으니 우리가 이로써 사랑을 알고 우리도 형제들을 위하여 목숨을 버리는 것이 마땅하니라"(요일 3:16)라고 했고, 베드로는 "그리스도 너희를 위하여 고난을 받으사 너희에게 본을 끼쳐 그 자취를 따라오게 하려 하셨느니라"(벧전 2:21)라고 하며 그리스도를 본받는 삶에 대해 말했습니다. 바울은 로마서에서 그리스도와 함께 영광을 받기 위해 고난도 함께 받아야 할 것을 말했습니다(롬 8:17).

우리는 그리스도께서 이미 경험하신 것들을 경험하면서 그분을 닮아 갑니다. 우리가 주님이 이미 다 경험하시고 이해하시는 그 길을 갈 때 주님은 우리를 불쌍히 여기며 우리와 함께하시고, 우리가 아뢰는 기도를 듣고 우리를 도우십니다. 우리는 그렇게 그리스도를 닮는 삶을 살다가 마침내 우리와 연합하신 그리스도의 영광에 참여하게 됩니다. 그것이 부활하시고 승천하신 주님이 말씀하신 내용입니다.

"이기는 그에게는 내가 내 보좌에 함께 앉게 하여 주기를 내가 이기고 아버지 보좌에 함께 앉은 것과 같이 하리라"(계 3:21).

그리스도와 같이 이기는 자로서 그분의 영광에 동참한다

성경의 이런 내용들은 예수 믿는 것과 그냥 교회만 왔다 갔다 하는 종교 행위는 전혀 다르다는 사실을 가르쳐 줍니다. 우리의 믿음에는 어마어마한 실체가 있습니다. 우리가 믿는 주님은 역사의 주관자이시요, 세상을 창조하신 창조의 중보자로서 역사 속에 친히 오셔서 구원을 이루시고, 우리를 불러 이 땅에서부터 구원에 참여하게 하시며, 장차 영광 가운데 자신의 보좌에 함께 앉게 하십니다. 그리고 우리는 바로 그분과 연합해 그분을 따르며, 그분을 닮아 갑니다.

신자는 그리스도를 닮아 간다는 막연한 관념만 갖거나 시늉만 하는 것이 아니라 진실로 그리스도를 본받는 삶을 살며, 궁극적으로 주님처럼 이기는 자로서 그분의 영광에 참여합니다.

그리스도와 연합한 자는 그분과 같은 형상으로 변화해 영광에서 영광에 이르고(고후 3:18) 그리스도의 장성한 분량이 충만한 데까지 자라 갑니다(엡 4:13). 요한은 그리스도인의 결국에 대해 다음과 같이 말했습니다.

"사랑하는 자들아 우리가 지금은 하나님의 자녀라 장래에 어떻게 될지는 아직 나타나지 아니하였으나 그가 나타나시면 우리가 그와 같을 줄을 아는 것은 그의 참모습 그대로 볼 것이기 때문이니"(요일 3:2).

물론 우리가 주님처럼 신성을 갖게 되는 것은 아닙니다. 현재에도, 장래에도 신성은 우리의 것이 아닙니다. 그러나 우리도 분명히 그리스도와 같이 영광스럽게 됩니다. 그리스도와 연합한 자는 그리스도 안에서, 그리고 그리스도와 함께 그분의 영원한 생명과 기쁨과 영광을 소유해 누립니다.

하늘에 속한 신령한 복을 받아 누린다

우리 구원의 모든 내용은 그리스도와의 연합 속에 있습니다. 영적으로 죽은 상태에서 살아나는 것부터 장차 영화롭게 되기까지 구원의 모든 서정이 그리스도와의 연합 속에 있는 것입니다. 우리는 우리의 구원을 생각할 때마다 그리스도와 함께 죽고 살리셔서 하늘에 앉히신 것, 곧 우리가 그리스도와 연합되었다는 사실을 기억해야 합니다. 우리 자신을 그리스도와 연관 지어 생각하고, 자신의 삶 전체를 그리스도와의 관계 속에서 바라보아야 합니다. 신자는 그렇게 그리스도와 친밀한 관계 가운데서 영화롭게 되기까지 구원의 여정을 가는 것입니다.

또한 우리는 그리스도 안에서 하나님 아버지와도 복되고 화목한 관계를 누립니다. 그리스도와 연합한 자로서 하나님을 "아빠 아버지"라고 부르고, 하나님께 담대히 말하고 응답을 얻으며, 그분의 사랑 안에서 교제합니다. 성부 하나님만 아니라 성령 하나님도 그리스도의 영으로서 우리 안에서 역사하시며 우리와 긴밀하게 교제하십니다.

이처럼 우리는 그리스도와의 연합으로 삼위 하나님과의 교통 속에 존재하며 삽니다. 창세로부터 계시되어 마침내 성취되고 우리에게 적용되어 우리의 것이 된 구원의 복이 얼마나 놀라운 것인지 생각해 보십시오. 그저 흔한 곳이 교회라고 생각하며, 예수 믿는 것과 그로 인한 구원을 대수롭지 않게 여기는 오늘날의 분위기를 따라 이도 저도 아닌 수준에서 신앙생활을 하는 것은 결코 진실한 신앙일 수 없습니다.

그리스도와의 연합 속에서 우리에게 주어진 복을 가볍게 여기지 마십시오. 그리스도 안에서 주어지는 복은 이 땅에서 우리의 손으로 만들어 낼 수 없는 하늘에 속한 신령한 복입니다. 신자는 그리스도 안에서가 아니면 절대로 가질 수 없고, 맛볼 수 없는 구원을 소유한 자입니다. 유한하고 죄가 있는 인간이 그리스도와 연합함으로써 더 이상 진노의 자녀가 아니라 하나님의 사랑받는 자녀로서 하늘에 속한 신령한 복을 소유해 누리게 된 것입니다.

신자는 이 땅에서 하나님께 용납되는 경험을 넘어 예수 그리스도께서 앉으신 영광스러운 보좌에까지 가게 됩니다. 우리는 이 놀라운 복을 값싸게 취급해서는 안 됩니다. 그것은 세상의 것들에 가려질 정도로 가벼운 것이 아닙니다.

우리 모두는 잠시 후면 눈을 감고 영원한 운명을 맞게 될 것입니다. 우리는 그리스도와 연합해 얻게 된 구원의 실체를 충분히 알고 이 땅에서부터 소망 중에 누리며 살아야 합니다. 구원의 복됨과 영광스러움은 궁극적으로 그러한 자가 온전히 누리게 될 것입니다.

구원의 복을 풍성히 알고 누리는 길로 나아가라

우리는 구원을 말하면서도 구원에 대한 치우친 견해로 구원의 복을 풍성하게 누리지 못하는 일을 피해야 합니다. 특히 구원의 복됨을 물질적인 형편에만 연결시켜 현실 문제에만 촉각을 곤두세우고 얽매여 살아가지 않도록 주의해야 합니다. 성경은 구원의 복됨을 이 세상에서 누리는 물질적인 풍요 정도로 말하지 않습니다.

또한 항상 좋은 기분과 의욕적인 삶의 태도를 유지해야만 구원의 복을 누리는 것이라는 생각도 버려야 합니다. 그런 생각은 구원을 참되게 누리기보다 인위적이고 알맹이 없는 신앙생활의 겉모양만 만들어 냅니다. 그런 모습은 오히려 다른 사람들이 구원의 복됨을 누리는 데 장애물이 될 수 있습니다.

또 어떤 사람들은 반대로 구원에 대해 지나치게 조심하고 엄격한 태도를 가지고 스스로를 구원에서 배제시키기도 합니다. 그들은 주변에서 값싸고 거짓된 구원관을 가지고 치우치고 왜곡된 신앙생활을 하는 이들을 보며 경계심을 갖습니다. 그런데 경계심이 지나친 나머지 우리를 향한 하나님의 풍성한 은혜와 복에 대한 성경의 증언을 그리스도 안에서 자신에게 허락된 복음으로 듣지 못합니다. 잘못되고 치우친 우리의 문제점을 지적하는 말씀에는 반응하지만 은혜를 은혜로 받지는 못합니다.

소위 개혁주의와 청교도를 운운하는 사람들 가운데서 이러한 모습을 종종 봅니다. 바른 것을 추구하는 것은 좋은데, 그들은 그것을 율법주의적으로 활용해 은혜의 부요함에 주목하지 않고 죄에 대한 지적에만 집중하고 반응하는 자학적인 신앙생활에 빠져들어 갑니다. 우리는 이런 태도도 지양해야 합니다. 거짓된 은혜에 도취되는 것도 문제이지만 자학적인 신앙생활도 잘못된 모습입니다.

신자는 자신의 무엇이 아니라 자신과 연합하신 그리스도로 말미암아 하늘에 속한 신령하고 영원한 구원의 복을 소유함을 알고, 그리스도 안에서 소유하게 된 구원의 가치를 생각해야 합니다.

하나님은 진노의 자녀들이었던 우리를 그리스도 안에서 그리스도와 함께 존귀하게 여기시며 그분의 영광스러움에 참여하도록 하셨습니다. 우리는 이와 같이 놀라운 복을 누리도록 부르심을 받은 자들입니다. 우리는 구원의 복과 영광을 참으로 알고 누림으로써 "하나님보다 더 귀한 것은 없습니다. 주 예수보다 더 귀한 것은 없습니다"라고 진심으로 고백하게 됩니다.

신자에게는 현실 문제에 갇혀 구원의 즐거움을 잊지 않기 위한 씨름이 필요합니다. 우리는 젊어서는 진학과 취업, 이성, 결혼 등의 문제에, 결혼 이후에는 자녀들의 양육, 사회적인 지위와 가정에 대한 경제적인 책임 등의 문제에 골몰하며 살아갑니다. 물론 이런 책임들을 무시할 수는 없습니다. 그러나 우리는 그러한 일들에 힘쓰는 중에도 더 큰 시야를 잃지 말아야 합니다. 그 모든 일은 지나가며, 우리는 그것들을 영원히 붙들 수 없습니다. 그리고 어느 순간 우리의 삶은 끝이 납니다.

그 모든 일보다 더욱 중요한 것은 하늘에 속한 신령한 복을 알고 소유하는 것입니다. 하나님의 아들과 연합해 하늘에 속한 신령한 복을 소유하는 것만큼 우리에게 귀하고 복된 일은 없습니다. 그것이 최상입니다. 구원의 복을 제대로 알고 소유해 누리고 있습니까? 구원의 복이 우리를 기쁘게도 하고, 죄에 대해 돌이키게도 하며, 깊은 감격으로 눈물 흘리게 만들기도 합니까?

구원을 가볍게 여기는 오늘날의 분위기에 편승하지 마십시오. 주변이 어떻게 반응하든 성경이 말하는 '하늘에 속한 신령한 모든 복을 그리스도 안에서 얻게 되었다'라는 사실은 여전히 놀라운 복음입니다. 우리는 그리스도 안에서 창세로부터 계획된 복을 마침내 소유해 누릴 수 있게 되었습니다.

그리스도와 연합해 갖게 된 이 놀라운 복은 천하보다 귀하고, 다른 무엇을 주어도 바꿀 수 없는 것입니다. 세상에 이보다 더 귀한 것은 없습니다. 우리가 어떻게 그것을 가볍게 여길 수 있겠습니까? 그럴 수 없습니다. 우리 모두 그리스도 안에 있는 구원의 복을 풍성히 알고 누릴 수 있기를 구합니다.

나가며

조국 교회에 구원의 은혜를 비추는
한 줄기 빛이 되기를

기독교 신앙은 처음부터 끝까지 하나님과 우리 사이의 관계 안에서만 제대로 설명되고 이해될 수 있습니다. 하나님과 우리 사이의 관계를 배제하거나 무시한 채 기독교의 신앙과 진리에 대해 논하려는 모든 시도는 결코 의미 있는 결론에 도달할 수 없습니다. 우리가 교회 안에서 익숙하게 말하는 구원 역시 마찬가지입니다. 구원은 철저히 하나님과 우리의 관계 안에서 이루어진 일로서, 하나님과 우리 사이의 관계를 생각하지 않은 채 구원에 대해 이런저런 이야기를 늘어놓는 것은 매우 공허한 일이 될 수밖에 없습니다.

우리는 하나님의 형상대로 지음 받은 자들일 뿐만 아니라 그러한 자로서 구원의 대상이 됩니다. 그러므로 성경이 말하는 구원을 바르게 이해하고 누리기 위해서는 먼저 우리가 본래 하나님과 인격적인 관계 안에서 그분의 은혜와 사랑을 누리는 존재요, 나아가 하나님의 영광스러운 성품을 반영하는 존재로서 지으심을 받았다는 사실을 생각해야 합니다.

하나님이 우리에게 베푸신 구원은 죄로 인해 영광스러운 창조의 목적에서 벗어나 도리어 영원한 멸망을 당하게 된 자들에게 주신 커다란 은혜입니다. 요컨대 구원은 하나님의 형상대로 지으심을 받았으나 죄로 멸망하게 된 인간에게 베푸신 하나님의 은혜인 것입니다.

인간은 하나님이 만드신 모든 만물 안에서, 그리고 그분이 행하시는 모든 일을 통해 하나님을 알아 가고, 그분을 영원토록 즐거워하도록 지으심을 받았습니다. 주님은 공중의 새 한 마리의 생명이 보존되듯 작은 일에도 하나님의 선하심과 사랑이 반영되어 있음을 가르치셨습니다(마 6:26). 하나님의 형상인 인간은 하나님이 만드신 모든 만물과 그분이 행하시는 모든 섭리 안에서 살며, 무엇보다 그 가운데 나타난 하나님의 신성과 능력을 알아 가고, 기뻐하며, 그분을 영화롭게 하도록 디자인된 존재입니다. 그런 우리에게 있어서 하나님이 행하시고 우리에게 나타내신 모든 일은 그분을 알아 가고, 영원토록 기뻐하며, 그분을 영화롭게 하는 궁극적인 목적을 위해 헌신하는 방편들이 됩니다.

물론 인간은 그러한 하나님의 뜻을 거스르고 창조의 목적을 거부해 타락했고, 타락에 대한 도덕적인 책임으로써 심판에 이르게 되었습니다. 그러나 하나님은 막다른 골목에 처한 하나님의 형상들을 내버려 두지 않으시고 구원의 은혜로써 복되고 영광스러운 본래의 지위를 회복하게 하셨습니다.

그런데 놀랍게도 하나님의 형상으로 창조된 목적에서 이탈해 멸망하게 된 우리에게 베풀어진 구원의 은혜는 인간의 본래적인 지위를 회복할 뿐만 아니라 회복된 인간 존재의 목적을 가장 탁월하고 풍성하게 누리게 하는 방편이 됩니다. 하나님이 우리를 위해 행하시고 알리신 '구원의 일'이 우리가 그분을 알아 가고, 영원토록 기뻐하며, 그분을 영화롭게 하는 데 있어서 가장 탁월한 내용과 이유가 되는 것입니다.

우리는 하나님이 만드신 그 어떤 아름다운 작품과 그분이 행하신 그 어떤 기이한 일들보다 우리를 위해 행하신 '구원의 사역'을 통해 하나님을 가장 깊이 알아 가고, 그분을 가장 크게 기뻐하게 되며, 그분의 영광스러우심을 풍성하게 묵상하며 찬양하게 됩니다. 진실로 성경이 말하는 구원의 진리는 그것을 묵상하는 이들에게서 다음과 같은 탄복을 자아냅니다.

"깊도다 하나님의 지혜와 지식의 풍성함이여, 그의 판단은 헤아리지 못할 것이며 그의 길은 찾지 못할 것이로다……이는 만물이 주에게서 나오고 주로 말미암고 주에게로 돌아감이라 그에게 영광이 세세에 있을지어다 아멘"(롬 11:33, 36).

포기할 수 없는 구원의 정수, 주 예수보다 더 귀한 것은 없다

참으로 이러한 결과에 이르지 않는 구원은 성경이 말하는 구원이 아닙니다. 성경이 말하는 '특별한 은혜'는 언제나 은혜의 수혜자들로 하여금 '특별한 결론'에 이르게 하는 은혜입니다.

그러나 오늘날 우리는 교회 안에서조차 이와 같은 구원의 핵심 가치가 무시되는 현실을 경험하고 있습니다. 여전히 적어도 교회 안에서는 구원에 대해 관심을 가진 사람들에 의해 많은 말이 오갑니다. 하지만 많은 사람이 구원을 자신의 안위가 달린 개인적인 문제로만 여기며 관심을 기울일 뿐 그 진리 안에서 하나님을 깊이 알아 가고 묵상하는 데 있어서는 소극적입니다. 죄인 되었던 우리를 구원하신 은혜 안에서 하나님을 온전히 기뻐하고 영화롭게 하는 데는 무심하고 무감각한 경우가 많습니다. 구원에 대해서 많이 말하지만 그 가치를 알지 못하고, 구원의 정수도 누리지 못하는 것입니다.

이것이 우리가 성경이 가르치는 대로의 구원의 내용을 마음을 쏟아 배우고 알아야 할 이유입니다. 예수 그리스도를 믿는 신자의 시선은 구원을 개인의 안위를 위한 것으로만 보는 수준에 머물러 있어서는 안 됩니다. 구원은 우리가 얻느냐 마느냐의 문제이기에 앞서 '하나님이 행하신 일'입니다. 하나님이 우리를 위해 베푸신 은혜요, 그분의 한없는 지혜와 사랑을 따라 행하신 일입니다. 진실로 예수 그리스도를 믿는 신자는 이 사실을 생각할 필요가 있습니다.

구원은 다름 아니라 하나님의 형상으로 지으심을 받은, 그러나 그 목적에서 실패해 멸망하게 된 우리로 하여금 하나님을 온전히 누리도록 하시기 위해 하나님 자신을 내어 주신 사건입니다. 하나님의 생명을 내어 주어 그 생명을 소유하고 그분 안에서 살도록 하시기 위해 행하신 일입니다.

신자는 구원의 은혜에 힘입어 하나님을 영화롭게 하고 그분을 영원토록 즐거워할 수 있는 조건을 회복하게 되었습니다. 그런데 그런 조건에서 다른 무엇보다 지키고 붙들어야 하는 것은 구원의 은혜, 그 자체로 인해 하나님을 영화롭게 하고 그분을 즐거워하는 중심입니다. 이러한 태도가 구원을 얻은 자로서 구원의 은혜를 바르게 누리는 참된 신자의 모습입니다. 이것이 이 책의 모든 내용을 통해서 강조하고자 한 바입니다.

예수를 믿는 우리는 제1부 "하나님의 구원"에서 말한 대로, 창세전 계획과 은혜로운 언약을 따라 구원하시는 하나님, 즉 '구원의 주체'로서의 하나님의 사역에 의해 있게 된 존재입니다.

뿐만 아니라 예수를 믿는 우리는 제2부 "그리스도의 구원"에서 말한 대로, 우리의 죄를 대속하시고 우리를 위한 의를 이루신 '구속의 중보자' 예수 그리스도에 의해 있게 된 존재입니다. 우리는 친히 하나님이실 뿐만 아니라 하나님과 사람 사이의 유일한 중보자이신 그리스도 안에서 하나님의 복된 인격과 모든 은택을 경험하며 누리게 됩니다.

더 나아가 예수를 믿는 우리는 제3부 "우리의 구원"에서 말한 대로, 하나님의 은혜 안에서 예수 그리스도와 연합되어 구원의 실체를 누리게 된 존재입니다. 그리스도 안에서 구원의 복스러운 실체를 바르고 깊이 있게 알아 가는 것은 구원받은 자의 특권이며, 구원 여정의 즐거움입니다. 우리는 하나님이 그리스도 안에서 허락하시는 구원을 참되게 앎으로써 '우리의 것'으로 참되게 고백할 때 자연스럽게 그분의 은혜의 영광을 찬양하게 됩니다.

구원하시는 하나님을 주목하라

구원은 죄로 인한 영벌로부터 하나님이 우리를 건지신 은혜이지만, 보다 적극적인 차원에서 말하면 우리로 하여금 그 은혜를 즐거워하며 누리는 가운데, 특히 구원을 베푸신 하나님을 찬송하게 하시기 위해 베풀어진 것입니다. 구원 속에서 우리는 하나님을 기뻐하고 그분으로 만족하는 새로운 삶을 살아갑니다.

이 책을 읽는 그리스도인들 모두가 그런 복된 구원을 주신 하나님과 하나님이 행하신 구원의 역사를 되새기며 그로 인한 기쁨과 만족을 지속적으로 갖고 누릴 수 있기를 바랍니다. 반면에 구원을 갈망하나 아직 예수 그리스도에 대한 믿음이 분명하지 않은 사람들이 있다면 이 책을 통해 하나님이 자신의 역사에 근거해 구원으로 부르시는 부르심 앞에 설 수 있기를 바랍니다.

이 책에서는 '구원의 서정'에 해당하는 내용들은 거의 다루지 않았지만, 분명한 것은 하나님은 자신이 구원하고자 하시는 자를 말씀을 통해 부르신다는 것입니다. 하나님은 기록된 성경 말씀과 그것을 강론하며 선포되는 말씀을 통해 하나님 편에서 마련하신 구원으로 우리를 이끄십니다(롬 10:17). 지금까지 구원을 얻은 사람들은 모두 말씀을 통한 부르심에 반응해 성삼위일체 하나님의 구원에 참여했습니다. 그러므로 아직 믿지 않는 사람들이 있다면 구원에 대한 성경의 진리를 주목함으로써 죄인을 불러 구원하시는 하나님을 만나고, 그분이 주시는 구원을 얻는 계기가 되기를 바랍니다.

구원을 위해 필요한 것은 죄인을 친히 부르시어 구원하시는 하나님의 은혜입니다. 하나님의 은혜가 아니면 우리의 모든 열심과 인내와 지식은 무익합니다. 구원을 갈망하는 자는 자신의 무엇이 아닌 하나님 편에서 허락하시는 큰 구원, 즉 하나님의 은혜를 구해야 합니다.

하나님은 스스로 구원을 이룰 수 없는 자들을 위해 구원을 계획하시고, 계획대로 성취하시며, 마침내 말씀으로 부르시어 큰 구원에 참여하게 하십니다(엡 1:3-14). 이러한 하나님에 대한 인격적인 앎이 없는 구원이란 있을 수 없습니다. 이미 믿는 자이든, 믿고자 하는 자이든 중요한 것은 구원하시는 하나님을 주목하는 것입니다. 진리 안에서 그분을 바르고 풍성히 알아 가는 것입니다.

이 책이 풍요 속 빈곤을 경험하고 있는 이 시대의 조국 교회에 성경이 계시하는 구원의 은혜로움을 비춰 주는 한 줄기 빛으로 쓰임 받기를 기도합니다.

주

1) 지난 교회 역사 속에서 주장되었던, 그리고 오늘날 주장되고 있는 구원에 대한 왜곡된 가르침들과 성경이 구원을 적용하시는 성령의 사역으로 다각적으로 표현하고 있는 내용들인 부르심, 거듭남, 회심(회개와 믿음), 칭의, 양자 됨, 성화, 성도의 견인, 영화 등 구원 서정의 국면들, 그리고 여기에 덧붙여 다룬 예정과 선택 등은 이후 별도의 책에 담아내고자 합니다.
2) 이 책은 구원에 대해 보다 포괄적으로 다룬 설교 시리즈의 일부에 해당합니다. 특히 3가지 목적 중에서 주로 구원의 객관적이고 우주적인 영광과 복됨에 주목합니다. 과거 교회 역사와 오늘날 교회의 현실에서 발견되는 잘못된 구원관들에 대한 구체적인 내용과 우리 개인에게 적용되는 구원에 관한 성경의 가르침 등은 별도의 책에서 보다 상세하게 다루고자 합니다.
3) R. C. 스프로울, 『구원의 확신』, 조계광 역, 생명의말씀사, p. 43.
4) 성령 하나님이 구원을 적용하시는 내용은 별도의 책에서 상세하게 다룰 예정이며, 이 책에서는 주로 성부 하나님과 성자 하나님이 구원과 어떻게 관련되어 있는지를 살펴볼 것입니다.
5) 마틴 로이드 존스, 『복음의 핵심』, 이중수 역, 양무리서원, pp. 158-159.
6) 마틴 로이드 존스, 『복음의 핵심』, 이중수 역, 양무리서원, pp. 165-166.
7) 강웅산, 『구원론』, 킹덤북스, p. 58.
8) 싱클레어 퍼거슨, 『성령』, 김재성 역, IVP, p. 116.
9) 같은 책, p. 118.
10) 존 머레이, 『구속』, 장호준 역, 복있는사람, pp. 239-240.
11) 존 칼빈, 『기독교 강요』 3권, 고영민 역, 기독교문사, p. 29.
12) 강웅산, 앞의 책, p. 93.
13) 존 칼빈, 앞의 책, pp. 494-495.

사명선언문

너희가 흠이 없고 순전하여……세상에서 그들 가운데 빛들로
나타내며 생명의 말씀을 밝혀 _ 빌 2:15-16

1. 생명을 담겠습니다
만드는 책에 주님 주신 생명을 담겠습니다.
그 책으로 복음을 선포하겠습니다.

2. 말씀을 밝히겠습니다
생명의 근본은 말씀입니다.
말씀을 밝혀 성도와 교회의 성장을 돕겠습니다.

3. 빛이 되겠습니다
시대와 영혼의 어두움을 밝혀 주님 앞으로 이끄는
빛이 되는 책을 만들겠습니다.

4. 순전히 행하겠습니다
책을 만들고 전하는 일과 경영하는 일에 부끄러움이 없는
정직함으로 행하겠습니다.

5. 끝까지 전파하겠습니다
모든 사람에게, 땅 끝까지, 주님 오시는 그날까지
복음을 전하는 사명을 다하겠습니다.

서점 안내

광화문점　서울시 종로구 새문안로 69 구세군회관 1층
　　　　　　02)737-2288(T)　02)737-4623(F)

강남점　　서울시 서초구 신반포로 177 반포쇼핑타운 3동 2층
　　　　　　02)595-1211(T)　02)595-3549(F)

구로점　　서울시 구로구 시흥대로 577 3층
　　　　　　02)858-8744(T)　02)838-0653(F)

노원점　　서울시 노원구 동일로 1366 삼봉빌딩 지하 1층
　　　　　　02)938-7979(T)　02)3391-6169(F)

분당점　　경기도 성남시 분당구 황새울로 315 대현빌딩 3층
　　　　　　031)707-5566(T)　031)707-4999(F)

일산점　　경기도 고양시 일산서구 중앙로 1391 레이크타운 지하 1층
　　　　　　031)916-8787(T)　031)916-8788(F)

의정부점　경기도 의정부시 청사로47번길 12 성산타워 3층
　　　　　　031)845-0600(T)　031) 852-6930(F)

인터넷서점　www.lifebook.co.kr